李弘 编写

先秦七子箴言录

吉林出版集团股份有限公司

吉林教育出版社

图书在版编目(CIP)数据

先秦七子箴言录 / 李弘编写. — 长春：吉林教育
出版社，2012.6（2022.10重印）
（和谐校园文化建设读本）
ISBN 978 - 7 - 5383 - 8777 - 3

Ⅰ. ①先… Ⅱ. ①李… Ⅲ. ①先秦哲学－箴言－青年
读物②先秦哲学－箴言－少年读物 Ⅳ. ①B22-49

中国版本图书馆 CIP 数据核字(2012)第 118039 号

先秦七子箴言录
XIANQING QI ZI ZHENYAN LU   李　弘　编写

策划编辑　刘　军　　潘宏竹
责任编辑　尹曾花　　　　　　　　　　　　　　　**装帧设计**　王洪义

出版　吉林出版集团股份有限公司（长春市福祉大路5788号　邮编 130118）
　　　　吉林教育出版社（长春市同志街 1991 号　邮编　130021）
发行　吉林教育出版社
印刷　北京一鑫印务有限责任公司

开本　710 毫米×1000 毫米　1/16　　**印张**　11　　**字数**　139 千字
版次　2012 年 6 月第 1 版　　**印次**　2022 年 10 月第 3 次印刷
书号　ISBN 978 - 7 - 5383 - 8777 - 3
定价　39.80 元

编　委　会

总 序

千秋基业，教育为本；源浚流畅，本固枝荣。

什么是校园文化？所谓"文化"是人类所创造的精神财富的总和，如文学、艺术、教育、科学等。而"校园文化"是人类所创造的一切精神财富在校园中的集中体现。"和谐校园文化建设"，贵在和谐，重在建设。

建设和谐的校园文化，就是要改变僵化死板的教学模式，要引导学生走出教室，走进自然，了解社会，感悟人生，逐步读懂人生、自然、社会这三本大书。

深化教育改革，加快教育发展，构建和谐校园文化，"路漫漫其修远兮"，奋斗正未有穷期。和谐校园文化建设的研究课题重大，意义重要，内涵丰富，是教育工作的一个永恒主题。和谐校园文化建设的实施方向正确，重点突出，是教育思想的根本转变和教育运行机制的全面更新。

我们出版的这套《和谐校园文化建设读本》，既有理论上的阐释，又有实践中的总结；既有学科领域的有益探索，又有教学管理方面的经验提炼；既有声情并茂的童年感悟；又有惟妙惟肖的机智幽默；既有古代哲人的至理名言，又有现代大师的谆谆教诲；既有自然科学各个领域的有趣知识；又有社会科学各个方面的启迪与感悟。笔触所及，涵盖了家庭教育、学校教育和社会教育的各个侧面以及教育教学工作的各个环节，全书立意深邃，观念新异，内容翔实，切合实际。

我们深信：广大中小学师生经过不平凡的奋斗历程，必将沐浴着时代的春风，吸吮着改革的甘露，认真地总结过去，正确地审视现在，科学地规划未来，以崭新的姿态向和谐校园文化建设的更高目标迈进。

让和谐校园文化之花灿然怒放！

本书编委会

目 录

德操修养篇

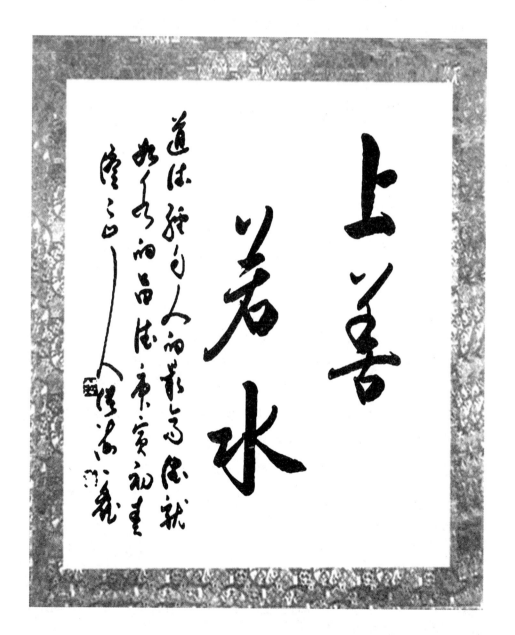

上善若水

道德经曰：上善若水，水善利万物而不争，处众人之所恶，故几于道。居善地……庚寅初夏 陈省石书

功成而弗居。夫唯弗居,是以不去。

——《老子·二章》

简释:功业成就而不自居。正因为不自居,所以功绩不会泯灭。

居善地,心善渊,与善仁,言善信,政善治,事善能,动善时。

——《老子·八章》

简释:居处善于选择环境,心胸善于保持沉静,对人善于真诚相待,说话善于守信用,为政善于精简处理,处事善于发挥所长,行动善于掌握时机。

旷兮其若谷;

澹兮其若海。

——《老子·十五章》

简释:空阔宏广啊,像深山的幽谷;沉静恬淡啊,像深阔的大海。

夫唯不盈,故能蔽而新成。

——《老子·十五章》

简释:只因为不自满,所以能去故更新。

知常容,容乃公,公乃全,全乃天,天乃道,道乃久,没身不殆。

——《老子·十六章》

简释:懂得事物规律的人是无所不包的,无所不包就能坦然大公,坦然大公才能无不周遍,无不周遍才能符合自然,符合自然才能合于规律,遵循规律而行才能长久,终身可以免于危殆。

善行无辙迹;善言无瑕摘;善数不用筹策;善闭无关楗而不可开,善结无绳约而不可解。

——《老子·二十七章》

简释:善于行走的不留痕迹;善于言谈的没有过失;善于计算的不用筹码,善于关闭的不用栓梢却使人不能开;善于捆缚的不用绳索却使人不能解。

自知者明。

自胜者强。

——《老子·三十三章》

简释:认识自己的才是高明者。能战胜自己的才是真正的强者。

大丈夫处其厚,不居其薄;处其实,不居其华。

——《老子·三十八章》

简释:大丈夫立身敦厚,而不居于刻薄,存心笃实,而不居于虚华。

大成若缺,其用不弊。

大盈若冲,其用不穷。

大直若屈,大巧若拙,大辩若讷。

——《老子·四十五章》

简释:最完满的东西好像有欠缺似的,但是它的作用是不会衰竭的。

最充实的东西好像是空虚一样,但是它的作用是不会穷尽的。

最正直的东西好像是弯曲一样,最灵巧的东西好像是笨拙一样,最卓越的辩才好像是口讷一样。

祸莫大于不知足,咎莫大于欲得。

——《老子·四十六章》

简释:祸患没有过于不知足的了,罪过没有过于贪得无厌的了。

塞其兑,闭其门,终身不勤。开其兑,济其事,终身不救。

——《老子·五十二章》

简释:塞住嗜欲的孔窍,闭起嗜欲的门径,终身都没有劳扰之事。打开嗜欲的孔窍,增添纷杂的事件,终身都不可救药。

含“德”之厚,比于赤子。

——《老子·五十五章》

简释:含"德"深厚的人,比得上初生的婴儿。

圣人自知不自见;自爱不自贵。

——《老子·七十二章》

简释:有道的人但求自知而不自我表扬;但求自爱而不自显高贵。

不争而善胜,不言而善应,不召而自来,繟然而善谋。

——《老子·七十三章》

简释:不争攘而善于得胜,不说话而善于回应,不召唤而自动来到,宽缓而善于筹策。

不自见,故明;不自是,故彰,不自伐,故有功;不自矜,故长。

——《老子·二十二章》

简释:不自夸,反而能显明;不自以为是,所以能声名远扬;不自显耀,反能见功;不自矜自贵,所以能长久不衰。

果而勿矜,果而勿伐,果而勿骄,果而不得已,果而勿强。

——《老子·三十章》

简释:有了成绩不要自高自大,有了成绩不要夸耀;有了成绩不要骄傲;有了成绩要知道是出于偶然;有了成绩不要逞强。

圣人不积,既以为人己愈有,既以与人己愈多。

——《老子·八十一章》

简释:圣人不积私蓄,由于他尽量帮助别人,自己反而更充实,由于他尽力给予别人,自己反而更丰富。

人不知而不愠,不亦君子乎?

——《论语·学而》

简释:别人不了解自己而不怨恨,不也是有修养的君子么?

巧言令色,鲜矣仁!

——《论语·学而》

简释：花言巧语，伪装和善，这种人很少有仁义。

君子不重则不威，学则不固，主忠信，无友不如己者，过则勿惮改。

——《论语·学而》

简释：君子不庄重就没有威仪，所学就不牢固。应亲近忠诚讲信义的人，不要与不如自己的人交朋友。有了过错不要害怕改正。

君子食无求饱，居无求安，敏于事而慎于言，就有道而正焉。

——《论语·学而》

简释：君子饮食不求奢饱，居处不求安逸，办事敏捷，说话谨慎，向有道德的人学习而改正自己的缺点。

不患人之不己知，患不知人也。

——《论语·学而》

简释：不要担心别人不了解自己，应该担心自己不了解别人。

吾十有五而志于学，三十而立，四十而不惑，五十而知天命，六十而耳顺，七十而从心所欲，不逾矩。

——《论语·为政》

简释：我十五岁时下决心要学习，三十岁立身处事站稳根基，四十岁懂得事理而不迷惑，五十岁时能够了解并顺应自然的规律，六十岁时对于耳闻的道理能够自然地领会贯通，七十岁能随心所欲地行事而不会超越规矩。

先行其言，而后从之。

——《论语·为政》

简释：把想说的话先实行，实行了以后再说出来。

人而无信，不知其可也。

——《论语·为政》

简释：一个人不讲信用，不知道他会走到什么地步去。

见义不为，无勇也。

——《论语·为政》

简释:看到合乎正义的事情而不做,这是没有勇气。

成事不说,遂事不谏,既往不咎。

——《论语·八佾》

简释:已经做过的事不用再解释了,已经完成的事不再规劝了,已经过去的事不要责备了。

居上不宽,为礼不敬,临丧不哀,吾何以观之哉!

——《论语·八佾》

简释:处于领导地位而不宽宏大量,举行礼仪时不恭敬严肃,参加丧礼时不悲痛哀伤,这种样子怎么看得下去啊!

苟志于仁矣,无恶也。

——《论语·里仁》

简释:如果立志实行仁德,就不会去做坏事了。

富与贵,是人之所欲也,不以其道得之,不处也。贫与贱,是人之所恶也,不以其道得之,不去也。

——《论语·里仁》

简释:金钱和地位,这是人人所期望的,不用正当的方法得到它们,君子不享用。贫穷与低贱,这是人人所厌恶的,不用正当的方法摆脱它们,君子宁可不摆脱。

君子无终食之间违仁,造次必于是,颠沛必于是。

——《论语·里仁》

简释:君子不会在一顿饭的时间里背离仁德,即使在匆忙紧迫的情况下也一定要遵守仁德,在颠沛流离之中也一定要恪守仁德。

朝闻道,夕死可矣。

——《论语·里仁》

简释:早晨领悟到真理,晚上就可以为真理而死。

士志于道,而耻恶衣恶食者,未足与议也。

——《论语·里仁》

简释:那种口称志于追求真理,而以穿破旧衣服、吃粗劣食物为羞耻的读书人,是不值得与他们谈论真理的。

放于利而行,多怨。

——《论语·里仁》

简释:只依照个人利益去做,必然招来很多怨恨。

不患无位,患所以立。不患莫己知,求为可知也。

——《论语·里仁》

简释:不愁没有职位,就愁没有能够站稳脚跟的本领。不愁别人不知道自己,只求自己有值得令人知道的事情。

君子喻于义,小人喻于利。

——《论语·里仁》

简释:君子懂得大义,小人只懂得小利。

见贤思齐焉,见不贤而内自省也。

——《论语·里仁》

简释:看见贤德的人就希望向他看齐,看见不贤的人就在内心反省一下自己有没有和他一样的毛病。

君子欲讷于言,而敏于行。

——《论语·里仁》

简释:君子应该说话谨慎而行动机敏。

德不孤,必有邻。

——《论语·里仁》

简释:有道德的人不会孤单,必定有志同道合者同他做伴。

始吾于人也,听其言而信其行;今吾于人也,听其言而观其行。

——《论语·公冶长》

简释:以前我对于人,听了他的话便相信他的行为;现在我对于人,听了他的话还要观察他的行为。

见其过而内自讼。

——《论语·公冶长》

简释:发现自己的过错而在内心审责自己。

不迁怒,不贰过。

——《论语·雍也》

简释:不把怒气发泄到别人身上,不犯同样的错误。

女为君子儒,无为小人儒。

——《论语·雍也》

简释:你要做一个有修养的儒者,不要做没有修养的儒者。

文质彬彬,然后君子。

——《论语·雍也》

简释:文采和质朴搭配得当,这才是君子。

仁者先难而后获。

——《论语·雍也》

简释:有仁德的人先经历实践的困难,然后才能有所得。

饭疏食,饮水,曲肱而枕之,乐亦在其中矣。不义而富且贵,于我如浮云。

——《论语·述而》

简释:吃粗粮,喝冷水,弯着胳膊当枕头,这里面就有乐趣。用不正当的手段得来的富贵,对于我就像浮云一样。

亡而为有,虚而为盈,约而为泰,难乎有恒矣。

——《论语·述而》

简释:没有假装有,空虚假装充实,穷困假装富足,这种人很难保持好的操守。

仁远乎哉？我欲仁，斯仁至矣。

——《论语·述而》

简释：仁德离我们很远吗？只要我想达到仁，仁就会到来。

君子坦荡荡，小人长戚戚。

——《论语·述而》

简释：君子心胸坦阔广远，小人经常忧愁于私欲。

温而厉，威而不猛，恭而安。

——《论语·述而》

简释：温和而严肃，威严而不凶猛，庄重而安详。

法语之言，能无从乎？改之为贵。巽与之言，能无说乎？绎之为贵。说而不绎，从而不改，吾未如之何也已矣。

——《论语·子罕》

简释：合乎正道的话，能不听从吗？但听从之后要改正错误才可贵。谦恭顺耳的话，听了能不高兴吗？但要对这些话分析鉴别才可贵。只高兴不分析鉴别，只听从而不改正错误，对这样的人我实在没有办法。

三军可夺帅也，匹夫不可夺志也。

——《论语·子罕》

简释：三军的统帅可以被人抓去，一个人的志气不能被人强迫改变。

岁寒，然后知松柏之后凋也。

——《论语·子罕》

简释：到了严寒季节，才知道松树柏树是在最后落叶的。

知者不惑，仁者不忧，勇者不惧。

——《论语·子罕》

简释：聪明的人不迷惑，仁德的人不忧愁，勇敢的人不畏惧。

克己复礼为仁。

——《论语·颜渊》

简释:克制自己使自己的言行合于礼,这就是仁。

己所不欲,勿施于人。

——《论语·颜渊》

简释:自己不愿意的东西,不要强加给别的人。

仁者,其言也讱。

为之难,言之得无讱乎?

——《论语·颜渊》

简释:仁人,他的言谈是谨慎的。做起来艰难,说起来能够不谨慎吗?

君子不忧不惧。

内省不疚,夫何忧何惧?

——《论语·颜渊》

简释:君子不忧愁,不畏惧。自己问心无愧,那还有什么忧愁,有什么畏惧呢?

浸润之谮,肤受之愬,不行焉,可谓明也已矣。浸润之谮,肤受之愬,不行焉,可谓远也已矣。

——《论语·颜渊》

简释:暗中传播的谗言,切身受到的诽谤,在你这里都行不通,你就可以称得上是明智了。暗中传播的谗言,切身受到的诽谤,在你这里都行不通,你就可以说很有远见了。

君子成人之美,不成人之恶,小人反是。

——《论语·颜渊》

简释:君子成全人的好事,不去促成人的坏事。小人则与此相反。

苟子之不欲,虽赏之不窃。

——《论语·颜渊》

简释:如果你不贪图太多的财货,即使奖励你偷盗,你也不会去偷盗。

刚、毅、木、讷,近仁。

——《论语·子路》

简释:刚强、果断、质朴、言语谨慎,这四种品德接近于仁。

士而怀居,不足以为士矣。

——《论语·宪问》

简释:士如果留恋安逸的生活,就不佩称做士了。

君子耻其言而过其行。

——《论语·宪问》

简释:君子认为口里说的超过实际做的是可耻的。

仁者不忧,知者不惑,勇者不惧。

——《论语·宪问》

简释:仁德的人不忧愁,聪明的人不迷惑,勇敢的人不畏惧。

不患人之不己知,患其不能也。

——《论语·宪问》

简释:不要担忧别人不了解自己,应该担忧自己没有才能。

骥不称其力,称其德也。

——《论语·宪问》

简释:千里马值得称赞的不是它的力量,而是它的美德。

不怨天,不尤人。

——《论语·宪问》

简释:不抱怨客观环境,也不怨责别人。

志士仁人,无求生以害仁,有杀身以成仁。

——《论语·卫灵公》

简释:志士仁人,不贪生怕死而损害仁,只有牺牲自己而成全仁。

君子义以为质,礼以行之,孙以出之,信以成之。

——《论语·卫灵公》

简释:君子以大义为做人的根本,按照礼仪来行事,用谦逊的语言说话,靠信实取得成功。

君子病无能焉,不病人之不己知也。

——《论语·卫灵公》

简释:君子忧心自己没有才能,不担心别人不了解自己。

君子求诸己,小人求诸人。

——《论语·卫灵公》

简释:君子严以律己,小人苛求于人。

君子矜而不争,群而不党。

——《论语·卫灵公》

简释:君子态度庄重而不与人无谓争执,能够团结人而不与人勾结。

过而不改,是谓过矣。

——《论语·卫灵公》

简释:有了错误而不改正,这才叫作错误。

君子有三戒:少之时,血气未定,戒之在色;及其壮也,血气方刚,戒之在斗;及其老也,血气既衰,戒之在得。

——《论语·季氏》

简释:君子要戒备三件事:年少时,血气没有稳定,要警惕贪恋女色;到了壮年,血气正当旺盛,要警惕争强好斗;到了老年,血气已经衰退,要警惕贪得无厌。

君子有九思:视思明,听思聪,色思温,貌思恭,言思忠,事思敬,疑思问,念思难,见得思义。

——《论语·季氏》

简释:君子要常思考九件事:看的时候,要想想是否看明白了;听的时候,要想想是否听清楚了;脸上的颜色,要想想是否温和;待人姿态,要想想是否谦敬;说话交谈,要想想是否真诚;对待工作,要想想是否认真;遇到疑虑,要想想是否该问;发怒时刻,要想想是否有后患;对既得利益,要想想是否应该得。

见善如不及,见不善如探汤。

——《论语·季氏》

简释:看见好的行为,就像怕赶不上一样地努力追求,看见不好的行为,就像把手伸到开水里一样赶快避开。

恭,宽,信,敏,惠。恭则不侮,宽则得众,信则人任焉,敏则有功,惠则足以使人。

——《论语·阳货》

简释:庄重,宽厚,诚信,勤敏,慈惠。庄重就不会招致侮辱,宽厚就能得到众人拥护,诚实就能得到别人的信用,勤敏就能取得成功,慈惠就能很好地领导他人。

乡原,德之贼也。

——《论语·阳货》

简释:老好人,是道德的败坏者。

道听而途说,德之弃也。

——《论语·阳货》

简释:在路上听到传言就到处去传扬,这是背弃道德的行为。

见利思义,见危授命,久要不忘平生之言,亦可以为成人矣。

——《论语·宪问》

简释:见到财利而想到大义,见到危急而不惜牺牲生命,长期贫困而不忘弃平生的诺言,能够做到这样就可以称为完美无缺的人了。

行己有耻。

简释:用羞耻之心约束自己的行为。

仁者必有勇,勇者不必有仁。

——《论语·宪问》

简释:仁德的人一定勇敢,勇敢的人不一定有仁德。

言必信,行必果。

——《论语·子路》

简释:说话一定要讲诚信,做事一定要果断彻底。

笃信好学,守死善道。

——《论语·泰伯》

简释:一个人应该有坚定的信仰和好学的精神,应该用生命去捍卫那些完善的治世做人的原则。

毋意,毋必,毋固,毋我。

——《论语·子罕》

简释:不凭空猜疑,不绝对肯定,不固执拘泥,不自以为是。

好德如好色。

——《论语·子罕》

简释:喜爱道德像喜爱美色那样。

譬如为山,未成一篑,止,吾止也。譬如平地,虽覆一篑,进,吾往也。

——《论语·子罕》

简释:好比用土堆山,只差一筐土就堆成了,如果停下来,那是我自己停而不成的。好比用土平地,即使刚刚倒下一筐土,如果不停进行,那就会由于我前进而成功。

主忠信,徙义,崇德也。

——《论语·颜渊》

简释:亲近忠诚信实的人,向义靠拢,这样就能提高自己的品德。

君子之德,风;小人之德,草;草上之风,必偃。

——《论语·颜渊》

简释:君子的品德好比风,小人的品德好像草,风吹到草上,草必然倒伏。

夫达也者,质直而好义,察言而观色,虑以下人。

——《论语·颜渊》

简释:所谓通达的人,应当是品质正直而爱好礼义,善于分析别人的言论和观察别人的情绪,时常想到对人谦让。

先事后得,非崇德与? 攻其恶,无攻人之恶,非修慝与? 一朝之忿,忘其身,以及其亲,非惑与?

——《论语·颜渊》

简释:工作争先,享受在后,这不是提高了品德吗? 检讨自己的错误缺点,不指责别人的错误缺点,这不是改正了过失吗? 由于一时的愤恨,便忘掉自身的祸福,甚至牵连到自己的亲友,这不是糊涂吗?

居处恭,执事敬,与人忠。虽之夷狄,不可弃也。

——《论语·子路》

简释:生活起居态度恭敬,办事严肃认真,对人忠诚老实。即使到了夷狄之国,这三种品德也不能背弃。

贫而乐,富而好礼。

——《论语·学而》

简释:贫困而仍然乐观,富贵而注重谦恭待人。

人皆曰:"予知"。驱而纳诸罟擭陷阱之中,而莫之知辟也。

——《中庸·第七章》

简释:人们都说:"我是明智的。"但是在利欲的驱使下,他们却都像禽兽那样落入捕网、木笼和陷阱中,连躲避都不知道了。

得一善,则拳拳服膺,而弗失之矣。

——《中庸·第八章》

简释:得一善道,就牢牢记在心中,一刻也不忘掉。

君子和而不流,强哉矫! 中立而不倚,强哉矫!

——《中庸·第十章》

简释:君子善于与人协调而又决不无原则地迁就,那才是真正的刚强! 真正独立而没有一点偏私,那才是真正的刚强!

射有似乎君子,失诸正鹄,反求诸其身。

——《中庸·第十四章》

简释:射箭的道理与君子之道相似,没有射中靶子,就回过头来从自己身上找原因。

正己而不求于人,则无怨,上不怨天,下不尤人。

——《中庸·第十四章》

简释:自己正直而不乞求于人,这样就无所怨恨,上不怨恨天命,下不归咎他人。

好学近乎知,力行近乎仁,知耻近乎勇。知斯三者,则知所以修身;知所以修身,则知所以治人;知所以治人,则知所以治天下国家矣。

——《中庸·第二十章》

简释:爱好学习的人接近智,努力行善的人接近仁,知道羞耻的人接近勇。知道这三项的人,就知道怎样提高自身品德修养;知道怎样提高自身的品德修养,就知道怎样治理别人;知道怎样治理别人,就知道怎样去治理天下国家了。

博学之,审问之,慎思之,明辨之,笃行之。

——《中庸·第二十章》

简释:广泛地学习各种知识,详尽细密地探究事物的原理,对自己所学的东西谨慎思考,辨清事情的是非真伪,获得了真理就坚决地去实践它。

言顾行,行顾言,君子胡不慥慥尔!

——《中庸·第十三章》

简释:说话照顾到行动,行动又照顾到说话,君子能做到这样,心里还有什么不踏实的呢?

君子自难而易彼,众人自易而难彼。

——《墨子·亲士》

简释:君子自己承担难事,使他人承担易事;一般的人自己承担易事,让他人承担难事。

圣人者,事无辞也,物无违也,故能为天下器。是故江河之水,非一源之水也;千镒之裘,非一狐之白也。夫恶有同方取,不取同而已者乎?

——《墨子·亲士》

简释:圣明的人,是勇于作为的,是不恶慢于人的,所以能够成为天下的英才。所以,江河的水,并不是来自一个源头;价值千镒的皮衣,并不是一只狐狸身上取来的。哪有与自己意见相同就采纳,不相同就不采纳的道理呢?

见不修行,见毁,而反之身者也,此以怨省而行修矣。谮慝之言,无入之耳;批扞之声,无出之口;杀伤人之孩,无存之心;虽有诋讦之民,无所依矣。

——《墨子·修身》

简释:君子不修养自己的德行而受到人们的毁谤,那就应该反躬自问,这样,人们的怨谤就会减少,自己的品德也得到了修善。恶意诽谤的话,不要入耳存心;攻击别人的言论,不要出之于口;杀伤人的残忍念头,不要在心里萦而不去;即使身边有爱攻击别人的人,也不要仿效他。

君子力事日强,愿欲日逾,设壮日盛。

——《墨子·修身》

简释:君子勤劳于事就会日益强劲;他的理想日益远大;他的庄敬的品行也日益提高和完美。

君子之道也:贫则见廉,富则见义,生则见爱,死则见哀;四行者不可虚假,反之身者也。

——《墨子·修身》

简释:君子遵循的准则是:贫穷时显现出他的廉洁,富裕时显现出疏财助人的大义;对于活着的人显现出真诚的慈爱;对于死去的人显现出自己真诚的哀痛。这四种行为不能弄虚作假,要常常反躬自问。

藏于心者,无以竭爱;动于身者,无以竭恭;出于口者,无以竭驯。畅之四支,接之肌肤,华发隳颠,而犹弗舍者,其唯圣人乎!

——《墨子·修身》

简释:存在于内心的,都是爱;行为举止,都是谦恭之行;开口讲话,都是合于情理之言。让这些好品行,通达体现于外表的一切行为,一直到老年还这样坚持修身,大概只有圣明的人才能做到吧!

志不强者智不达,言不信者行不果。

——《墨子·修身》

简释:意志不坚强的人,不会变得聪明;说话不求取信于人的人,他的行动也不会果敢。

本不固者末必几,雄而不修者,其后必惰,原浊者流不清,行不信者名必耗。名不徒生而誉不自长。功成名遂,名誉不可虚假,反之身者也。

——《墨子·修身》

简释:本根不稳固必然要危及细枝末节;雄强而不注重品德修养的人,结果一定垮台;源头污浊的,流水不会清澈;行为不讲信用的人,一定要丧失名声。名声不会无故得到,赞誉不会无缘而来。虽然有了功名,但是名誉不应该是虚假的,要常常反躬自问。

务言而缓行,虽辩必不听。多力而伐功,虽劳必不图。慧者心辩而不繁说,多力而不伐功,此以名誉扬天下。

——《墨子·修身》

简释:专会说话而行动怠缓,即使言论机巧也必然没有人听。出力虽多却好夸耀自己的功劳,即使出力多也必然不可取。智慧的人心里明白却不夸夸其谈,出力多却不自夸显功,这样才会誉满天下。

言无务为多而务为智,无务为文而务为察。故彼智无察,在身而情,反其路者也。

——《墨子·修身》

简释:说话不追求繁多而讲究富于智慧,不追求文采而讲究明白。既无智慧又不能审察,自身又懒惰,那么必然要背离正道了。

善无主于心者不留,行莫辨于身者不立;名不可简而成也,誉不可巧而立也,君子以身戴行者也。思利寻焉,忘名忽焉,可以为士于天下者,未尝有也。

——《墨子·修身》

简释:好的品德在内心不起主导作用,就不能保持,好的品德自己不能分辨,就不能树立;名声不能轻易得到,赞誉不能靠欺骗树立,君子是以思想和行为显现自己的品德的。谋利之心甚重,想树立名声很快又忘记了,这样的人而可以成为天下的贤士,不曾有过。

子墨子言见染丝者而叹曰:染于苍则苍,染于黄则黄。所入者变,其色亦变;五入必,而已则为五色矣。故染不可不慎也!

——《墨子·所染》

简释:墨子看见有人染丝时慨叹说:在青色水中受染就变成青色,在黄色水中受染就变成黄色。投入的染料改变了颜色,丝的颜色也跟着改变;把丝投入五种颜色的水中,就会染出五种颜色。所以,对于受感染这件事,不能不慎重啊!

天下从事者,不可以无法仪,无法仪而其事能成者,无有也。虽至士之为将相者,皆有法。虽至百工从事者,亦皆有法。百工为方以矩,为圆以规,直以绳,正以县。无巧工、不巧工,皆以此五者为法。巧者能中之,不巧者虽不能中,放依以从事,犹逾己。故百工从事,皆有法所度。

——《墨子·法仪》

简释:天下治事的人,不能没有一定的准则;不依准则而能办成事的人,是没有的。即使是那些身为将相的人,都有一定的准则。即使是从事于各种行业的工人,也都有一定的准则。百工们用矩画制成方形器物,用圆规画制成圆形器物,使用绳墨工具制成直的东西,使用悬锤制成垂直的东西。无论是有技巧、无技巧的工人,都以这五种工具为准则。有技巧的能切合准则,无技巧的即使不能完全切合准则,仿效着去做,还是胜过自己本来水平。所以百工做事,都有准则可以衡量。

君子不镜于水而镜于人。镜于水,见面之容;镜于人,则知吉与凶。

——《墨子·非攻中》

简释:君子修身,不用水面作镜子映照自己,而是从别人身上看到自身。用水面作镜子,只能映现自己的脸面,从别人身上看到自身,就可以知道什么是吉,什么是凶。

夫饥约则不辞妄取以活身,赢饱则伪行以自饰,污邪诈伪,孰大于此?

——《墨子·非儒下》

简释:在饥饿困逼时,不惜用不义的手段来求得活命,在饱食有余时,又用虚伪的行为来为自己粉饰。在污秽、邪恶、欺诈、虚伪的行为中,还有比这更大的么?

言足以复行者,常之,不足以举行者,勿常。不足以举行而常之,是荡口也。

——《墨子·耕柱》

简释:言论能够付之于行动的,应推崇,不能够付之于行动的,不要推崇。不能付之于行动却推崇它,这是空口妄言。

为义非避毁就誉。去之苟道,受狂何伤!

——《墨子·耕柱》

简释:做正义的事,就不要畏避毁谤而追求称誉。做的如果是正义之事,那么受到疯狂毁谤有什么可伤感的!

嘿则思,言则诲,动则事。

——《墨子·贵义》

简释:沉默之时能思索,说话之时能教益于人,行动时则能从事正义。

必去喜,去怒,去乐,去悲,去爱,而用仁义。手足口鼻耳,从事于义,必为圣人。

——《墨子·贵义》

简释:一定要克服为私利而喜、为私利而怒、为私得而乐、为私失而悲、为偏私而爱(为偏私而恶),而把仁义作为一切言行准则。手足口鼻耳(目),都能动则合于准则,就一定会成为圣明的人。

为义而不能,必无排其道。譬若匠人之所而不能,无排其绳。

——《墨子·贵义》

简释:行义而不能胜任的时候,一定不要归咎于道义本身。这就好比木匠劈木材不能劈好,不应该归咎于那条墨线一样。

瞽不知白黑者,非以其名也,以其取也。天下之君子,不知仁者,非以其名也,亦以其取也。

——《墨子·贵义》

简释:盲人不知白黑,不是因为他不能说出白黑之名称,而是因为他无法选取。天下的君子,不知道什么是仁,不是因为他不能说出仁的名称,也是因为他不能选择。

世之君子,欲其义之成,而助之修其身则愠;是犹欲其墙之成,而人助之筑则愠也,岂不悖哉?

——《墨子·贵义》

简释:当代的君子,想去实行道义,可是别人帮助他修正身心却不高兴;这就像他想把墙筑好,可是帮助他筑墙他却不高兴一样,这不是自相矛盾的事吗?

世俗之君子视义士不若负粟者。今有人于此,负粟息于路侧,欲起而不能。君子见之,无长少贵贱必起之。何故也? 曰:义也。今为义之君子,奉承先王之道以语之,纵不说而行,又从而非毁之。则是世俗之君子之视义士也,不若视负粟者也。

——《墨子·贵义》

简释:世俗的"君子"们,对待主持正义的人,都不如对待一个背粮食的。现在有一个人,背粮食时在路旁休息,休息后想背粮站起,却站不起来。君子见了,不论少长贵贱一定会帮助他站起来。为什么呢? 回答说:这是道义呀。现在主持正义的君子,用过去圣明君王的道理去告诫教导人们,可是这些人们呢,即使你不喜欢实行这个主持正义之君子的话也就算了,却又对他加以非议、诽谤。从这里看出,世俗的"君子"们对主持正义的人,还不如对待一个背粮食的人。

好美欲富贵者,不视人犹强为之。夫义,天下之大器也,何以视人,必强为之?

——《墨子·公孟》

简释:喜欢美和富贵的人,不用看别人怎样做,就能勉励自己去追求。道义,这是天下最宝贵的东西,却为什么还要看别人怎样行事,而不是努力地去追求呢?

仁义充塞,则率兽食人,人将相食。

——《孟子·滕文公下》

简释:仁义的道路一被阻塞,这就等于是带领野兽去吃人,必将出现人吃人的惨象。

君子不亮,恶乎执?

——《孟子·告子下》

简释:君子不讲求诚信,还能操持什么呢?

天将降大任于是人也,必先苦其心志,劳其筋骨,饿其体肤,空乏其身,行拂乱其所为,所以动心忍性,曾益其所不能。

——《孟子·告子下》

简释:所以上天要降重大的责任在这样的人身上,一定要首先使他内心痛苦,使他筋骨劳累,使他经受饥饿以致身体消瘦,使他受贫困之苦,使他做事颠倒混乱,总不如意,通过这些来使他内心警觉,性格坚定,增加他不具备的才能。

周于利者凶年不能杀,周于德者邪世不能乱。

——《孟子·尽心下》

简释:平时积蓄丰裕的人,哪怕是灾荒年岁也不能使他窘乏;平时积德广厚的人,哪怕是乱世也不能使他迷失方向。

可欲之谓善,有诸己之谓信,充实之谓美,充实而有光辉之谓大,大而化之之谓圣,圣而不可知之之谓神。

——《孟子·尽心下》

简释:值得喜爱的叫"善",自己确实具有"善",就叫"信","善"充实在身上就叫"美",既充实又有光辉就叫"大",既"大"又能感化万物叫"圣","圣"到妙不可知叫"神"。

哭死而哀,非为生者也。经德不回,非以干禄也。言语必信,非以正行也。

——《孟子·尽心下》

简释:痛伤死者而哭得悲哀,不是为了做给生者看的。按照道德行事不搞歪门邪道,并不是要借此求个一官半职。说话一定守信用,不是为了让人知道我的行为端正。

养心莫善于寡欲。其为人也寡欲，虽有不存焉者，寡矣；其为人也多欲，虽有存焉者，寡矣。

——《孟子·尽心下》

简释：养心之法没有比尽量减少物质欲望更好的了。那些平常物质欲望少的人中间，尽管善心有些丧失，但是为数很少；那些平素物质欲望多的人中间，尽管善心有所保存，但是为数也很少。

志士不忘在沟壑，勇士不忘丧其元。

——《孟子·滕文公下》

简释：一个志士仁人正直不苟，不怕惨遭杀害尸填沟坑；一个真正的勇士临危不怯，哪怕掉脑袋。

富贵不能淫，贫贱不能移，威武不能屈，此之谓大丈夫。

——《孟子·滕文公下》

简释：富贵高官而不骄奢腐化，家贫位卑而不改变人格，威力相逼而不屈服叛变，这样的人才称得上大丈夫。

人不可以无耻，无耻之耻，无耻矣。

——《孟子·尽心上》

简释：一个人不能没有羞耻；如果能够以自认没有羞耻为可耻，就可以不再蒙受羞耻了。

无恻隐之心，非人也；无羞恶之心，非人也；无辞让之心，非人也；无是非之心，非人也。

——《孟子·公孙丑上》

简释：一个人，没有同情不幸之心，就不是一个真正的人；没有羞耻疾恶之心，就不是一个真正的人；没有谦让之心，就不是一个真正的人；没有是非之心，也不是一个真正的人。

人必自侮，然后人侮之；家必自毁，而后人毁之；国必自伐，而后人伐之。

——《孟子·离娄上》

简释：一个人一定是他自己先有招致侮辱的言行，然后别人才会侮辱他；一个家庭一定是自己败坏不成样子了，然后别人才会来毁坏它；一个国家一定是自己先给人以讨伐的借口，然后别人才来讨伐它。

恻隐之心，仁之端也；羞恶之心，义之端也；辞让之心，礼之端也；是非之心，智之端也。人之有是四端也，犹其有四体也。

——《孟子·公孙丑上》

简释：同情心，是仁的开端；羞耻心，是义的开端；谦让心，是礼的开端；是非心，是智的开端。人有这四个开端，就像他的身体有四肢一样。

恭者不侮人，俭者不夺人。侮夺人之君，唯恐不顺焉，恶得为恭俭？恭俭岂可以声音笑貌为哉？

——《孟子·离娄上》

简释：一个有礼貌的人不会侮辱别人，一个俭朴的人不会掠夺别人。那些侮辱、掠夺别人的君主，生怕别人不顺从他的欲望，又怎么做得到恭俭呢？恭俭这两种美德难道是可以单凭悦耳的声音和讨好的笑脸做得出来的吗？

闻一善言，见一善行，若决江河，沛然莫之能御也。

——《孟子·尽心上》

简释：听到一句有益的话语，见到一种良好的行为，从中获得的力量好像江河决了口，声势浩荡，没有什么能阻挡得了。

得志，泽加于民；不得志，修身见于世。穷则独善其身，达则兼善天下。

——《孟子·尽心上》

简释：得了志，恩泽惠加于人民；不得志时，也能修养德操受到世人赞誉。不得志时就洁身自好修养个人品德，得志时就要造福天下百姓。

乐其道而忘人之势。

——《孟子·尽心上》

简释:热爱自己信仰的义理而忘记了别人的权势地位。

穷不失义,达不离道。穷不失义,故士得己焉;达不离道,故民不失望焉。

——《孟子·尽心上》

简释:贫穷时能信守做人的道义,发达时不违背做人的原则。贫穷时能信守道义,所以就能自得其乐;发达时不违背原则,所以人民才能不失望。

夫抚剑疾视曰:"彼恶敢当我哉!"此匹夫之勇,敌一人者。

——《孟子·梁惠王下》

简释:有这么一个人,手按佩剑、圆睁双眼说:"你们怎么敢抵挡我呢!"这只是能与单个人对敌的小勇。

声闻过情,君子耻之。

——《孟子·离娄下》

简释:声誉超过了实际,有德操的君子把它看作是一种耻辱。

西子蒙不洁,则人皆掩鼻而过之;虽有恶人,斋戒沐浴,则可以祀上帝。

——《孟子·离娄下》

简释:美女西施要是沾上了一身污秽,人们都要捂着鼻子走过她的身旁;尽管有个面貌丑陋的人,如果他诚心吃素,通身清洁,也可以让他去祭祀上帝。

夫志,气之帅也;气,体之充也。夫志至焉,气次焉,故曰:"持其志,无暴其气。"

——《孟子·公孙丑上》

简释:思想意志是气的统帅,气是充满体内的。思想意志到了哪里,气也就随之而出现在哪里；所以说："人应该谨守自己的思想意志，不要随便意气用事。"

志一则动气，气一则动志也。今夫蹶者、趋者，是气也，而反动其心。

——《孟子·公孙丑上》

简释：人的思想意志专注于某一方面，他的意气感情也会受到影响从那方面表现出来；相反，人的意气感情专注于某一方面，他的思想意志也会受影响被牵制到那方面来。现在那些摔跤的、奔走的人，这只是体气在支配着他们的行动，可是却反过来影响他们的思想，动荡他们的意志。

我知言，我善养吾浩然之气。

——《孟子·公孙丑上》

简释：我能理解别人言辞中表现出来的情志趋向，我也善于培养我自己的浩然之气。

不仁不智，无礼无义，人役也。

——《孟子·公孙丑上》

简释：一个人不仁德、不聪明，没礼让、没大义，那就只配当供人使唤的仆役。

仁者如射：射者正己而后发，发而不中，不怨胜己者，反求诸己而已矣。

——《孟子·公孙丑上》

简释：仁德的人就好比射箭：射箭的人都是先加强自己射箭技术的修养，端正自己射箭的姿势，然后把箭射出去。如果射不中，也不怨妒胜过自己的同行，只是从自己本身去找原因罢了。

子路，人告之以有过则喜；禹闻善言则拜。大舜有大焉，善与人同，舍己从人，乐取于人以为善。

——《孟子·公孙丑上》

简释:子路这个人,一听到人家告诉他有过错就高兴,夏禹王听了有益的话便向人拜谢。大舜比他们俩更伟大,他愿意同别人一起从善,抛弃自己不对的,听从人家正确的,乐于吸取别人的好处来行善。

取诸人以为善,是与人为善者也。故君子莫大乎与人为善。

——《孟子·公孙丑上》

简释:吸取别人的优点来完善自己,这就是同别人一起行善。所以君子最了不起的就是同别人一起行善。

遗失而不怨,厄穷而不悯。

——《孟子·万章下》

简释:被上面遗弃不用,也没有忧怨,处境极端困难也不感到悲伤。

古之人未尝不欲仕也,又恶不由其道。不由其道而往者,与钻穴隙之类也。

——《孟子·滕文公下》

简释:古人未尝不愿意做官,但是讨厌那种不择手段的做官行径。不经过正当门路而去做官的勾当,就跟男女钻洞爬墙以偷情的丑行相类似。

守孰为大?守身为大。

——《孟子·离娄上》

简释:操守什么最为重要呢?操守一个人自身而不失义为最重要。

君子所以异于人者,以其存心也。君子以仁存心,以礼存心。仁者爱人,有礼者敬人。

——《孟子·离娄下》

简释:君子与一般人的区别,就在于他的居心。君子心中有仁,心中有礼。仁爱的人慈爱别人,有礼的人敬重别人。

世俗所谓不孝者五,惰其四支,不顾父母之养,一不孝也;博弈好饮酒,不顾父母之养,二不孝也;好货财,私妻子,不顾父母之养,三不孝也;纵耳目之欲,以为父母戮,四不孝也;好勇斗狠,以危父母,五不孝也。

——《孟子·离娄下》

简释:世俗认为不孝的行为有五种:四体懒惰不勤,不对父母奉养,是一不孝;嗜好下棋饮酒的逸乐,不管对父母的奉养,是二不孝;贪好钱财,偏爱老婆孩子,不管对父母的奉养,是三不孝;放纵声色以致犯罪为父母招来灾祸的,是四不孝;好逞血气之勇而与人斗殴,以致连累父母有遭受刑戮的危险,是五不孝。

人有鸡犬放,则知求之,有放心而不知求。学问之道无他,求其放心而已矣。

——《孟子·告子上》

简释:有的人,家里鸡狗丢了,便知道去找回来,可是良心丧失了,却不知道去寻找。做学问的要领没有别的,只不过将已丧失的良心找回来罢了。

从其大体者为大人,从其小体为小人。

——《孟子·告子上》

简释:服从大体需要的是大义之人,顺从小体需要的是卑微小人。

夫仁亦在熟之而已矣。

——《孟子·告子上》

简释:仁德修养的目的,就在于使它成熟。

夫人岂以不胜为患哉?弗为耳。

——《孟子·告子下》

简释:人所最怕的难道是不能胜任吗?是不去做啊。

夫道若大路然,岂难知哉?人病不求耳。子归而求之,有余师!

——《孟子·告子下》

简释:从圣之道就像大路一样,难道是很难了解的吗? 就怕人们自己不去寻求啊。你回去求学,会有很多老师!

人之有德慧术知者,恒存乎疢疾。独孤臣孽子,其操心也危,其虑患也深,故达。

——《孟子·尽心上》

简释:那些有道德、聪明、学术和才智的人,往往来自艰危的处境。尤其是那些孤立无援的臣下和被人歧视的庶孽之子,他们提心吊胆,对于祸患的考虑也较深,所以能洞悉事理,通晓人情。

仁义礼智根于心,其生色也睟然,见于面,盎于背,施于四体,四体不言而喻。

——《孟子·尽心上》

简释:仁义礼智深深植根在心中,它使人生发出来的神色温润清和,表现在人的脸上,体现在人的姿态上,遍及全身,它的作用不用语言解释,人们一看就明白了。

非其有而取之非义也。

——《孟子·尽心上》

简释:不是自己的东西却强行拿来就是不义。

挟贵而问,挟贤而问,挟长而问,挟有勋劳而问,挟故而问,皆所不答也。

——《孟子·尽心上》

简释:仗着自己权位高去发问,仗着自己有点才干名气去发问,仗着自己年纪比人家大几岁去发问,仗着自己是有功之臣去发问,仗着自己与人家有点老交情来发问,这些都是我不予回答的。

士憎兹多口。

——《孟子·尽心下》

简释:士人最讨厌那种多嘴多舌。

君子以仁存心，以礼存心。仁者爱人，有礼者敬人。爱人者人恒爱之，敬人者人恒敬之。

——孟子

宝珠玉者,殃必及身。

——《孟子·尽心下》

简释:把珍珠美玉看作宝贝的人,灾祸就一定会降到他身上。

人病舍其田而芸人之田——所求于人者重,而所以自任者轻。

——《孟子·尽心下》

简释:人一般的毛病在于放弃自己的田地不耕种,却跑到别人的田里去除草——要求别人很多很严格,要求自己却很少很轻松。

生,亦我所欲也,义,亦我所欲也;二者不可得兼,舍生而取义者也。生亦我所欲,所欲有甚于生者,故不为苟得也;死亦我所恶,所恶有甚于死者,故患有所不辟也。

——《孟子·告子上》

简释:生命,是我所想要的,义,也是我所想要的;要是两者不能同时得到,牺牲生命而选取道义。生命虽然是我想要的,但所想要的东西有的超过了生命,那么我绝不做苟且偷生的勾当;死虽然是我厌恶的,但所厌恶的东西有的超过了死,那么我对于祸灾不能不义地逃避。

恻隐之心,仁也;羞恶之心,义也;恭敬之心,礼也;是非之心,智也。

——《孟子·告子上》

简释:有同情别人不幸的心就是仁;有对不光彩的事感到羞耻的心就是义;对人谦恭敬让的心就是礼;有判断事物有是非之心就是智。

水之积也不厚,则其负大舟也无力。风之积也不厚,则其负大翼也无力。故九万里则风斯在下矣。而后乃今培风,背负青天而莫之夭阏者,而后乃今将图南。

——《庄子·逍遥游》

简释:水的聚积不深厚,那么它负载大船就没有力量。风的强度如果不大,那么它承负巨大翅膀就没有力量。所以鹏飞九万里,其下有巨风承载,然后才乘风而飞,背负青天而没有什么力量能阻遏得了它了,然后才想准备飞到南方去。

泽雉十步一啄，百步一饮，不蕲畜乎樊中。神虽王，不善也。

——《庄子·养生主》

简释：水泽里的野鸡走十步才啄到一口食，走百步才喝到一口水，可是它并不祈求被养在笼子里。在笼子里神态虽然旺盛，但却不自在。

先存诸己而后存诸人。所存于己者未定，何暇至于暴人之所行。

——《庄子·人间世》

简释：先求充实自己然后才去扶助别人。如果自己都还不充实稳定，怎么能有余力去纠正暴人的行为呢？

为人使易以伪，为天使难以伪。

——《庄子·人间世》

简释：被私利情欲所驱使容易造伪，顺其自然而行就难以造伪。

汝不知夫螳螂乎？怒其臂以当车辙，不知其不胜任也，是其才之美者也。戒之，慎之！积伐而美者以犯之，几矣。

——《庄子·人间世》

简释：你不知道那螳螂吗？奋力举起臂膀去阻挡车轮，不知道自己的力量不能胜任，这是因为把自己的才能看得太高的缘故。要小心，谨慎啊！你若多夸自己的长处去触犯他者，就危险了。

已外生矣，而后能朝彻。

——《庄子·大宗师》

简释：已经把生死置之度外了，心境就能清明洞彻。

不能自解者，物有结之。

——《庄子·大宗师》

简释：那些不能自求解脱的人，是被外物束缚着的缘故。

吾所谓聪者，非谓其闻彼也，自闻而已矣；吾所谓明者，非谓其见彼也,自见而已矣。

——《庄子·骈拇》

简释:我所认为的聪敏,并不是指听闻别人,而是省察自己罢了;我所认为的明达,并不是指能看清别人,而是能够认识到自己的一切罢了。

人大喜邪?毗于阳;大怒邪?毗于阴。阴阳并毗,四时不至,寒暑之和不成,其反伤人之形乎!

——《庄子·在宥》

简释:人过于欢乐,就会伤害阳气;过于愤怒,就会伤害阴气。阴阳的气互相侵害,四时不顺,寒暑不调,岂不反而伤及身体么!

大惑者,终身不解;大愚者,终身不灵。

——《庄子·天地》

简释:真正的大迷糊,一辈子都搞不清楚;真正的大愚昧,一辈子都不灵光。

不为轩冕肆志,不为穷约趋俗,其乐彼与此同,故无忧而已矣。今寄去则不乐,由是观之,虽乐,未尝不荒也。故曰,丧己于物,失性于俗者,谓之倒置之民。

——《庄子·缮性》

简释:不要为荣华高位恣纵心志,不要因穷困紧迫而趋附世俗,人要是身处荣华与穷困其乐相同,就会没有忧虑。现在的人一失去寄托就不快乐。这样看来,即使他有过快乐,又何尝不是心灵荒芜呢?所以说,丧失自己于物欲,迷失本性于世俗的人,就叫做本末倒置的人。

天下之水,莫大于海,万川归之,不知何时止而不盈,尾闾泄之,不知何时已而不虚;春秋不变,水旱不知。

——《庄子·秋水》

简释:天下的水,没有比海更大的,所有的河流都汇向这里不知什么时候才停止,可是海水并不因此而盈满,海水从尾闾泄漏出去不知什么时候停止，而海水却并不减少；无论春秋都不受影响，无论是水涝或旱灾都没有感觉。

大知观于远近，故小而不寡，大而不多，知量无穷；察乎盈虚，故得而不喜，失而不忧，知分之无常也。

——《庄子·秋水》

简释：大智慧的人无论远近都观照得到，因而小的不以为少，大的不以为多，这是因为知道物量是没有穷尽的；洞察事物盈亏的道理，所以得到并不欣然自喜，失掉并不忧愁懊恼，这是因为知道得失是没有一定的。

夫不为倾久推移，不以多少进退者，此亦东海之大乐也。

——《庄子·秋水》

简释：不因为时间的长短而有所改变，不因为雨水多少而有所增减，这也是东海的一大快乐。

夫天下之所尊者，富贵寿善也；所乐者，身安厚味美服好色音声也；所下者，贫贱夭恶也；所苦者，身不得安逸，口不得厚味，形不得美服，目不得好色，耳不得音声；若不得者，则大忧以惧，其为形也，亦愚哉！

——《庄子·至乐》

简释：世上所看重的，是富有、华贵、长寿，好名声；所爱好喜欢的，是身体的安逸、丰盛的饮食、华丽的装饰、美好的颜色、悦耳的音声；所厌弃的，是贫穷、卑贱、夭折、恶名；所苦恼的，是身体不能得到安逸，口腹不能得到美味，外表得不到华丽服饰，眼睛看不到美好颜色，耳朵不能听到动人的声音；如果得不到这些，就大为忧愁甚至恐惧。这样的人生，岂不是太愚昧了吗？

以瓦注者巧，以钩注者惮，以黄金注者惛。其巧一也，而有所矜，则重外也。凡外重者内拙。

——《庄子·达生》

简释:用瓦块做赌注的心思便灵巧,用带钩作赌注的便心性怖惧,用黄金作赌注的便心智昏乱。他的技巧还是一样,而有了顾惜,就牵重于外物了。凡是重视外物的,内心就变得笨拙。

人之所取畏者,衽席之上,饮食之间;而不知为之戒者,过也。

——《庄子·达生》

简释:一个人最应该畏惧的,是在枕席之上,饮食之间,可是不知道警惕戒备这一点,那就是过错了。

行贤而去自贤之心,安往而不爱哉!

——《庄子·山木》

简释:行为良善而能去除自我炫耀的心念,到哪里会不受敬爱呢?

死生不入于心,故足以动人。

——《庄子·田子方》

简释:不把生死之念放在心上,那就能够感召他人。

知者不得说,美人不得滥,盗人不得劫。

——《庄子·田子方》

简释:智巧的人游说不了他,美人不能淫乱他,强盗不能劫持他。

死生亦大矣,而无变乎己,况爵禄乎!若然者,其神经乎大山而无介,入乎渊泉而不濡,处卑微而不惫,充满天地,既以与人,己愈有。

——《庄子·田子方》

简释:死生是件极大的事,却不能影响他自己,何况是爵禄呢!像这样的人,他的精神穿越大山而没有阻碍,进入深渊而不受淹没,处身卑微而不觉厌倦,充满天地,他越是帮助别人,自己反而更加充实。

汝自洒濯,孰哉郁郁乎!然而其中津津乎犹有恶也。

——《庄子·庚桑楚》

简释:你自己洗干净自身,为什么还忧郁不安呢?可见你心中溢溢然还有恶念存在。

人有修者,乃今有恒;有恒者,人舍之,天助之。

——《庄子·庚桑楚》

简释:人能自我修养,才能培养常德;有常德的,人来依归,上天也帮助他。

明乎人,明乎鬼者,然后能独行。

——《庄子·庚桑楚》

简释:能够坦然地面对人,坦然地面对鬼的,就能独行而无愧。

至知不谋,至仁无亲,至信辟金。

——《庄子·庚桑楚》

简释:最高的智慧是不用谋略,最高的仁慈是不表露亲近,最高的信用是不用贵重的东西作凭证。

贵富显严名利六者,勃志也。容动色理气意六者,谬心也。恶欲喜怒哀乐六者,累德也。去就取与知能六者,塞道也。此四六者不荡胸中则正。

——《庄子·庚桑楚》

简释:荣贵、富有、高显、威势、声名、利禄六项,是扰乱意志的因素。姿容、举动、颜色、辞理、气息、情意六项,是束缚心灵的因素。憎恶、爱欲、欣喜、愤怒、悲哀、欢乐六项,是负累德性的因素。去舍、从就、贪取、付与、智虑、技能六项,是阻塞大道的因素。这四个方面每六种情况不在胸中扰乱就能平正。

无藏逆于得,无以巧胜人,无以谋胜人,无以战胜人。

——《庄子·徐无鬼》

简释:不要背理去贪求,不要用巧诈去胜人,不要用阴谋去胜人,不要用搏斗去胜人。

目之于明也殆,耳之于聪也殆,心之于殉也殆。

——《庄子·徐无鬼》

简释:眼睛过于外用求明就会危殆,耳朵过于外用求聪就会危殆,心思过于外用逐物就会危殆。

于人也,乐物之通而保己焉;故或不言而饮人以和,与人并立而使人化。

——《庄子·则阳》

简释:对于人,乐于沟通而不失自我,因而不说教却能给人以心灵的和谐,和人平等相处却能使人受到感化。

鲁莽其性者,欲恶之孽为性,萑苇蒹葭始萌,以扶吾形,寻擢吾性。并溃漏发,不择所出,漂疽疥痈,内热溲膏是也。

——《庄子·则阳》

简释:对本性放纵鲁莽的人,爱欲憎恶的为害,就像萑苇、蒹葭一样蔽塞了本性,开始时是以这些欲念满足形体,渐渐地拔除了人的本性;于是就像遍体毒疮一齐溃发,不选择什么地方泄出,毒疮流脓,内热遗精就是这样。

去小知而大知明,去善而自善矣。

——《庄子·外物》

简释:人能去掉小聪明才能有大智大明,去掉自以为善才能显出真善。

人而无以先人,无人道也;人而无人道,是之谓陈人。

——《庄子·寓言》

简释:做人如果没有过人的才德学识,就没有做人之道;做人没有做人之道,就称为陈腐之人。

能尊生者,虽贵富不以养伤身,虽贫贱不以利累形。今世之人居高官尊爵者,皆重失之,见利轻亡其身,岂不惑哉!

——《庄子·让王》

简释:珍视人生的人,即使富贵也不以贪恋奉养而伤害身体,即使贫贱也不因为追逐私利而累害形体。现在的人，身居高官尊爵，都时时担心失掉它们，见到利禄就不顾自己的性命，这难道不是迷惑吗！

今世俗之君子，多危身弃生以殉物，岂不悲哉！

——《庄子·让王》

简释：现在世俗所说的君子，大多危害身体、弃置禀性去追求身外之物，这难道不可悲么！

夫生者，岂特随侯珠之重哉！

——《庄子·让王》

简释：生命这东西，岂止像随侯之珠那样贵重呢？

夫希世而行，比周而友，学以为人，教以为己，仁义之慝，舆马之饰，宪不忍为也。

——《庄子·让王》

简释：要是迎合世俗而行事，勾结党友，所学为求炫耀于人，所教但求显扬自己，用仁义作为奸恶勾当的掩护，车马装饰华丽，这是我原宪不愿去做的。

知足者不以利自累也，审自得者失之而不惧，行修于内者无位而不怍。

——《庄子·让王》

简释：知足的人不因利禄累害自己，心意自得者遇到损失也不忧惧，修养内心的人没有爵位而不羞愧。

内省而不疚于道，临难而不失其德。

——《庄子·让王》

简释：内心反省己过而不愧疚于道义，面临危难而不丧失于道德。

不以人之坏自成也，不以人之卑自高也，不以遭时自利也。

——《庄子·让王》

简释:不因为别人的失败而自显成功,不因为人的卑微而自视高大,不因为逢到时机而自图利益。

人有畏影恶迹而去之走者,举足愈数而迹愈多,走愈急而影不离身,自以为尚迟,疾走不休,绝力而死。不知处阴以休影,处静以息迹,愚亦甚矣!

——《庄子·渔父》

简释:有人畏惧影子、憎恶脚迹想摆脱它们,便快跑起来。可是跑得越快而脚印越多,影子追得越紧。自以为跑得太慢,于是更加快跑不停,终于弄得气力尽绝而死。他不知道到了阴暗的地方影子自然消失,静止下来脚印自然没有了,真是愚蠢到极点了!

施于人而不忘,非天布也。商贾不齿,虽以事齿之,神者弗齿。

——《庄子·列御寇》

简释:施与别人恩惠而不忘其功,这不是自然的报答。商贾都看不起他,迫不得已与之交往时,内心还是蔑视他。

凶德有五,中德为首。何谓中德?中德也者,有以自好也而吡其所不为者也。

——《庄子·列御寇》

简释:凶德有五种(指"心、耳、眼、舌、鼻"),而以中德(指"心")为首。什么叫作中德?所谓中德,就是自以为是而排斥他所认为不是的。

君子所敬而小人所不者与。

——《荀子·赋》

简释:君子们所要自肃自警的修养功夫,却正是小人们所不愿干的。

木受绳则直,金就砺则利,君子博学而日参省乎己,则知明而行无过矣。

——《荀子·劝学》

简释:锯木按着墨线才能直,刀剑放到磨刀石上磨才会锋利,博学的君子常以所学参验省察自己,就会聪明机智而做事不会有过错了。

肉腐出虫,鱼枯生蠹。怠慢忘身,祸灾乃作。

——《荀子·劝学》

简释:肉腐烂了就会生蛆,鱼枯干了就要被蛀蚀。一味懈怠骄慢忘乎所以,就会导致祸难灾害。

积土成山,风雨兴焉;积水成渊,蛟龙生焉;积善成德,而神明自得,圣心备焉。

——《荀子·劝学》

简释:积土成为山岭,就能在那里产生风雨;积水成为深渊,就会在那里出现蛟龙;积累善行而养成高尚的品德,自然会心智澄明,也就具有了圣人的精神境界。

声无小而不闻;行无隐而不形。

——《荀子·劝学》

简释:声音无论多么小,没有不能被人听到的;行为不论多隐蔽,没有不显露出来的。

为善不积邪? 安有不闻者乎!

——《荀子·劝学》

简释:还是不能持之以恒地积累善行吧? 要不然,别人怎么会不知道你的美德呢!

权利不能倾也,群众不能移也,天下不能荡也。生乎由是,死乎由是,夫是之谓德操。

——《荀子·劝学》

简释:在权利私欲面前没有邪念,人多势众也不会屈服,天下万物都不能动摇信念。活着是如此,到死也不变。这就叫作有德行,有操守。

见善,修然必以自存也;见不善,愀然必以自省也。善在身,介然必以自好也;不善在身,菑(zī)然必以自恶也。

——《荀子·修身》

简释:看到好的,就严肃认真地把它学过来;见到不好的,就心怀不安地检查自己;自己有美德,就坚定不移地保持它;自身有不好的东西,就感到浑浊污秽,一定要厌恶它而把它除掉。

好善无厌,受谏而能诫,虽欲无进,得乎哉! 小人反是:致乱而恶人之非己也;致不肖而欲人之贤己也;心如虎狼,行如禽兽,而又恶人之贼己也;谄谀者亲,谏争者疏,修正为笑,至忠为贼;虽欲无灭亡,得乎哉!

——《荀子·修身》

简释:从善而不厌倦,接受批评而能够自诫,这样的人即使他没想到前进,能不长进吗! 而那些小人则与此相反:昏乱不堪却恨别人批评自己;不走正路却希望别人夸赞自己;居心像虎狼般凶狠,行为如同禽兽,却憎恨别人瞧不起自己;亲近谄媚阿谀者,疏远批评指正者,善良诚实遭他嘲笑,忠厚正直受他贬低;这样的人虽然他不想垮台,能办到吗!

是是非非谓之知,非是是非谓之愚。

——《荀子·修身》

简释:肯定正确的,否定错误的,这就叫明智;否定正确的,肯定错误的,这就叫愚蠢。

治气养心之术:血气刚强,则柔之以调和;知虑渐深,则一之以易良;勇胆猛戾,则辅之以道顺,齐给便利,则节之以动止;狭隘褊小,则廓之以广大;卑湿、重迟、贪利,则抗之以高志;庸众驽散,则刦之以师友;怠慢僄弃,则炤之以祸灾;愚款端悫,则合之以礼乐,通之以思索。

——《荀子·修身》

简释:修养性格的方法:脾气急躁的人,要努力使它柔和适当;思虑过度的人,要引导他坦率爽直;莽撞暴烈的人,要帮助他通情达理;急于求成的人,要使他循序渐进;心胸狭隘的人,要开阔他的胸襟;意志卑下迟缓贪利的人,要激励他有高远志向;庸俗不检点的人,要使他接触良师益友;怠慢轻薄的人,要晓之以招灾引祸;愚忠愚诚的人,要使他懂礼乐,学会思考。

志意修则骄富贵,道义重则轻王公;内省而外物轻矣。

———《荀子·修身》

简释:一个人具有远大志向和高尚情操,就会藐视富贵利禄;珍重实行道义就会看轻王公达官的权势;内心有了崇高的境界,那么就不会受制于身外之物了。

良农不为水旱不耕,良贾不为折阅不市,士君子不为贫穷怠乎道。

———《荀子·修身》

简释:真正的农民不会因为有水旱之灾而不敢种地,真正的商人不会因为买卖受损而不敢经商,士君子不会因为贫穷而松懈对道义的追求。

体恭敬而心忠信,求礼义而情爱人;横行天下,虽困四夷,人莫不贵。劳苦之事则争先,饶乐之事则能让,端悫诚信,拘守而详;横行天下,虽困四夷,人莫不任。

———《荀子·修身》

简释:行为谦恭、思想忠信,崇尚礼义、笃行仁德;这样的人能走遍天下,即使困阻在荒远之地,没有人会不尊重他。辛劳吃苦的工作争先去做,逸乐享受的事却让给别人,正派诚实守信用,恪守正道头脑清醒;这样的人能走遍天下,即使困阻在荒远之地,没有人会不信任他。

老老而壮者归焉;不穷穷而通者积焉;行乎冥冥而施乎无报,而贤不肖一焉。

———《荀子·修身》

简释:尊重老人就会使青年人归心于你;不强求别人有智有能,那么智能之士就会积聚在你周围,做事不必让人理解,施恩于人不求报答,那么贤者、不肖者都会慕名而归心于你。

君子之求利也略,其远害也早,其避辱也惧,其行道理也勇。

———《荀子·修身》

简释:君子对私利的追求是简单的,他能最早地抛弃有害的事物;他像恐惧一样避免耻辱的事;他实行道义真理时,是勇敢无畏的。

君子贫穷而志广,富贵而体恭,安燕而血气不惰,劳倦而容貌不枯,怒不过夺,喜不过予。

——《荀子·修身》

简释:君子虽然贫穷但志向深广,虽然富贵但行为恭谨,处于安逸中却不意志颓废,处于辛苦之中情绪却不萎靡低落,对失去的不过分动气,对得到的不过分欢喜。

君子行不贵苟难,说不贵苟察,名不贵苟传,唯其当之为贵。

——《荀子·不苟》

简释:君子不赞成做事佯装困难的行为,不赞成敷衍分辩事理而自以为毫末皆审的假明察,不赞成名不符实的虚名誉,只有合于实际,才是最可贵的。

君子易知而难狎,易惧而难胁,畏患而不避义死,欲利而不为所非,交亲而不比,言辩而不辞,荡荡乎! 其有以殊于世也!

——《荀子·不苟》

简释:君子容易接近,但难以用不正当的方式亲近;做什么都小心慎重,但却难以威胁他改变意志;忧恐祸患,但却不避怯为正义牺牲生命;希望利益,但却不做非理之事;交友行仁,但却不结党营私;说话时辩论道理,但却不文过饰非。像江水那样浩荡壮远! 君子就是因为这样才与世俗不同啊!

容貌、态度、进退、趋行,由礼则雅,不由礼则夷固僻违庸众而野。

——《荀子·修身》

简释:表情风貌、姿态气度、进取退让、向往行为,发自礼义就会雅致,没有礼义就会倨傲邪恶如同庸俗人一样野蛮。

君子能亦好,不能亦好。小人能亦丑,不能亦丑。君子能则宽容易直以开道人,不能则恭敬缚绌以畏事人。小人能则居傲僻违以骄溢人,不能则妒嫉怨诽以倾覆人。故曰：君子能则人荣学焉，不能则人乐告之，小人能则人贱学焉，不能则人羞告之。是君子小人之分也。

——《荀子·不苟》

简释：君子有才能是美好的，没有才能也是美好的。小人有才能是丑恶的，没有才能也是丑恶的。君子有才能就会宽容坦率地开导人，没有才能就会恭谨谦让以尊敬的态度对待人。小人有才能就会倨傲邪恶骄侮人，没有才能就会用妒嫉怨恨诽谤去搞垮人。所以说：君子有才能别人就会纷纷去学习，没有才能别人就会乐于帮助他；小人有才能别人就会以向他学习为下贱，没有才能别人就会以帮助他为羞耻。这就是君子与小人的区别。

君子宽而不慢，廉而不刿，辩而不争，察而不激，直立而不胜，坚强而不暴，柔从而不流，恭敬谨慎而容。

——《荀子·不苟》

简释：君子宽容但不怠慢，有锋芒但不刺伤人心，辩理但不争锋，明察但不过激，超群出众但不凌驾于人，坚定顽强但不野蛮粗暴，柔和尊从但不随波逐流，恭敬谨慎但不局促，绰绰有余。

君子崇人之德，扬人之美，非谄谀也；正义直指，举人之过，非毁疵也；言己之光美拟于舜禹参于天地，非夸诞也；与时屈伸，柔从若蒲苇，非慑怯也；刚强猛毅，靡所不信，非骄暴也——以义变应，知当曲直故也。

——《荀子·不苟》

简释：君子推崇人的好品德，宣扬别人的长处，但不是谄媚阿谀；伸张正义，批评别人的过错，但不是挑剔瑕疵；言论的光美如同舜禹一样融于天地，但不是虚夸妄诞；因势利导，像芦苇那样柔和顺从，但不是害怕胆小；刚直顽强勇猛坚毅，没有什么不顺畅的行为，但不是骄傲粗暴——他以正义之理变通应事，知其当曲，则曲，知其当直，则直。

君子大心则敬天而道，小心则畏义而节；知则明通而类，愚则端悫而法；见由则恭而止，见闭则敬而齐；喜则和而治，忧则静而理；通则文而明，穷则约而详。小人则不然，大心则慢而暴，小心则淫而倾；知则攫盗而渐，愚则毒贼而乱；见由则兑而倨，见闭则怨而险；喜则轻而翾，忧则挫而慑；通则骄而偏，穷则弃而儑。

——《荀子·不苟》

简释：君子的大心，就是尊重客观规律而不违背；小心，就是遵守道义而节制自己。聪明的，能够通达明确一件事后而掌握同类事的规律，愚钝的，能正派诚实而守规矩；受到任用，能够谦恭有礼义，遇到行不通的事，能慎重严肃地找原因；有了喜事，能够平和不失理智，有了忧愁，能够冷静不失情理；通达时，能文雅明智，穷困时，能谨慎镇定不失节操。小人就不是这样了：他的大心，就是怠慢而蛮暴；小心，就是邪恶倾轧。他的聪明，是用来抢夺盗窃和欺诈的，他的愚蠢，就导致狠毒祸害和混乱；他受到任用，就立即谋私利而又居骄于人，他遇到行不通的事，就要怨恨而走险；他有了喜事，就轻佻得飘飘然，遇见忧愁事时，就泄气而惶惶不宁；他顺利时就骄傲过激，穷困时就抛弃道义卑劣下贱。

天不言而人推高焉；地不言而人推厚焉；四时不言而百姓期焉；夫此有常，以至其诚者也。君子至德，嘿然而喻，未施而亲，不怒而威；夫此顺命，以慎其独者也。

——《荀子·不苟》

简释：天不说话人们也知道它最高；地不说话人们也知道它的深厚；四季不说话老百姓也知其时候；它们这样为人们坚信不移，是因为它们是极其真实的。君子的最美好品德，即使他默默无言，人们也会知道；他不惠施，人们照样热爱他；他不发怒，却一样有威严；他这样顺乎人心天命，是因为他即使在独处时，也能严肃地遵守道义。

善之为道者，不诚则不独，不独则不形，不形则虽作于心，见于色，出于言，民犹若未从也；虽从必疑。

——《荀子·不苟》

简释："善"如果作为道义，不真诚就不能慎其独，不能慎其独就没有真意,没有真意即使兴起于心,表现于神色,出自于口,人们还是不情愿服从的,即使服从了也必然不信任。

不下比以暗上,不上同以疾下,分争于中,不以私害之,若是则可谓公士矣。

——《荀子·不苟》

简释:不在下边结党营私欺骗上级,不与上级苟合欺凌下面的人。心里虽与别人有纠纷,但不为了私利去坑害别人。能够这样,可以说是大公之人了。

公生明,偏生闇,端悫生通,诈伪生塞,诚信生神,夸诞生惑,——此六生者,君子慎之,而禹桀所以分也。

——《荀子·不苟》

简释:公正产生贤明,偏激产生暗昧,正直诚实产生顺畅,奸诈虚伪产生困阻,忠诚实在产生超凡脱俗的收获,虚夸妄诞产生迷惑,——这"六生",君子都慎重对待,也是禹和桀的区别。

见其可欲也,则必前后虑其可恶也者,见其可利也,则必前后虑其可害也者;而兼权之,孰计之,然后定其欲恶取舍;如是则常不失陷矣。凡人之患,偏伤之也,——见其可欲也,则不虑其可恶也者;见其可利也,则不顾其可害也者。是以动则必陷,为则必辱,是偏伤之患也。

——《荀子·不苟》

简释:面对你喜爱的东西,一定要前前后后想一想它不好的一面;面对你想得到的东西,一定要前前后后想一想它有害的一面;要把好恶利害放在一起加以权衡,成熟地谋划,然后再决定自己的欲恶取舍;能这样做,就会永远不陷于被动。凡是人们的祸患,都是片面性造成的,——看见喜爱的东西,就不考虑它不好的一面;看见想得到的东西,就不顾它有害的一面。所以一行动就必然陷于不利,一做什么就必然受到责难,这都是片面性的害处。

有狗彘之勇者,有贾盗之勇者,有小人之勇者,有士君子之勇者:争饮食,无廉耻,不知是非,不辟死伤,不畏众强,悍悍然唯利饮食之见,是狗彘之勇也。为事利,争货财,无辞让,果敢而振,猛贪而戾,悍悍然唯利之见,是贾盗之勇也。轻死而暴,是小人之勇也。义之所在,不倾于权,不顾其利,举国而与之不为改视,重死、持义而不桡,是士君子之勇也。

——《荀子·荣辱》

简释:有猪狗式的勇敢,有强盗式的勇敢,有小人的勇敢,有士君子的勇敢;争饮食之利,没有廉耻,不懂是非,不怕死伤,不怕敌手强大,贪得无厌只讲获取私利,这是猪狗的勇敢。做事只求私利,为财物争斗,没有辞忍谦让,果敢凶狠,贪心大而又凶暴,不知满足只讲私利,这是商人强盗的勇敢。不怕死而又残暴,这是小人的勇敢。正义在身,不拜倒于权势,不顾惜个人利益,即使把国家送给他也目不斜视,虽然看重身死但坚持正义决不苟生,这是士君子的勇敢。

自知者不怨人。知命者不怨天。怨人者穷。怨天者无志。失之己,反之人,岂不迂乎哉!

——《荀子·荣辱》

简释:能认识自己的人从不怨别人。能认识命运的人从不怨客观。怨别人就会走投无路,怨客观就会没有志气。自己有过失却推责于别人,不是错得更远了吗!

人有三不祥:幼而不肯事长,贱而不肯事贵,不肖而不肯事贤:是人之三不祥也。人有三必穷:为上则不能爱下,为下则好非其上,是人之一必穷也;乡则不若,背则谤之,是人之二必穷也;知行浅薄,曲直有以相县矣,然而仁人不能推,知士不能明,是人之三必穷也。——人有此三数行者,以为上则必危,为下则必灭。

——《荀子·非相》

简释:人有三不祥:年青却不尊奉长者,地位低而不愿意服从地位高的领导,自己不学好而又不愿意与贤人相处:这是人的三个"不祥"。人有三"必穷"：当上级的不能爱惜下级，当下级时又好指责上级，是人的一"必穷"；与你一致的却不与人和顺，与你不一致的又欺侮诋毁人家，是人的二"必穷"；才智行为都浅薄，曲直之间相差悬殊，然而却不推崇仁人，不能明荐智士，是人的三"必穷"。一个人要是有了这三"不祥"、三"必穷"，身居上位就要危殆，身处下位就要败亡。

赠人以言，重于金石珠玉；观人以言，美于黼黻文章；听人以言，乐于钟鼓琴瑟。故君子之于言无厌。鄙夫反是，好其实不恤其文，是以终身不免埤汙庸俗。

——《荀子·非相》

简释：赠人以良言，比赠以金石珠玉还要贵重；以良言演讲于人，比文采华丽的文章还要美好；以良言讲给人听，比钟鼓琴瑟之声还使人快乐。所以君子对于言论的修养永不厌烦。鄙俗的人与此相反：好直述其事而不讲究语言文雅，所以一辈子也免不掉卑劣污秽庸俗。

君子之度己则以绳，接人则用枻。度己以绳，故足以为天下法则矣；接人用枻，故能宽容，因求以成天下之大事矣。

——《荀子·非相》

简释：君子裁度自己时就用准绳，与人相处就用舟楫。裁度自己时严以准绳，所以能够让天下的人效法遵从；与人相处用舟楫，所以能宽容，依靠大众完成天下的大事业。

君子贤而能容罢，知而能容愚，博而能容浅，粹而能容杂，夫是之谓兼术。

——《荀子·非相》

简释：君子贤达而能够容纳能力弱小的人，智慧而能容纳愚钝的人，渊博而能容纳肤浅的人，精粹而能容纳不纯的人，这就是兼容并蓄的方法。

兼服天下之心，高上尊贵不以骄人；聪明圣智不以穷人；齐给速通不

先秦七子箴言录 049

争先人;刚毅勇敢不以伤人;不知则问,不能则学,虽能必让,然后为德。

——《荀子·非十二子》

简释:统一天下的胸怀,应该是身处高贵而不因此骄侮人;聪明大智而不因此使人难堪;敏捷神速而不利先于人,刚毅勇敢而不随意伤损人;不知道的东西就问,不会的东西就学,即使有才能也一定谦让,只有做到这些才是有仁德的。

无不爱也,无不敬也,无与人争也,恢然如天地之苞万物。如是则贤者贵之,不肖者亲之。

——《荀子·非十二子》

简释:君子没有他不施仁爱的人,没有他不尊重的人,不与人无谓纠纷,心胸恢宏得就像天地包容着万物。如果是这样,那么贤人就会敬重他,不贤的人也会热爱他。

君子耻不修,不耻见汙;耻不信,不耻不见信;耻不能,不耻不见用。是以不诱予誉,不恐于诽,率道而行,端然正己,不为物倾侧,夫是之谓诚君子。

——《荀子·非十二子》

简释:君子的耻辱在于没有修养,不在于受污蔑;耻辱在于不守信用,不在于不被信任;耻辱在于没有才能,不在于不被任用。所以君子不接受虚誉的诱惑,不害怕流言诽谤,坚持正义的行动,正直地从严律己,不被物欲引入斜路,这样才是真正的君子。

佚而不惰,劳而不侵,宗原应变,曲得其宜,如是然后圣人也。

——《荀子·非十二子》

简释:虽然安逸却不懈惰,虽然辛劳却不弛慢,万变不偏离其宗旨,周详细致各得其宜,这样才能成为超群出众的人。

有人也,势不在人上,而羞为人下,是奸人之心也。志不免乎奸心,行不免乎奸道,而求有君子圣人之名,辟之是犹伏而咶天,救经而引其足也。

——《荀子·仲尼》

简释：有的人，地位不在别人上边，却羞于居于别人之下，这是奸邪人的心啊。思想不去除奸邪之心，行为不改变奸邪之道，却追求享有君子圣人的美名，这就好比是俯卧在地上却要吻接天空，救上吊自杀的人却去拉他的脚。

君子无爵而贵，无禄而富，不言而信，不怒而威，穷处而荣，独居而乐；岂不至尊至富至重至严之情举积此哉！故曰：贵名不可以比周争也，不可以夸诞有也，不可以势重胁也，必将诚此然后就也。争之则失，让之则至，遵道则积，夸诞则虚。

——《荀子·儒效》

简释：君子没有官位却让人尊重，没有财禄却同样富有，不表白什么就使人信任，不动怒气同样有威严，身处穷困同样意气旺盛，独自居住乐在其中；难道这至尊至富至重至严的情理不是都包含在这里吗！所以说：珍贵的名望不是能用阴邪手段所能争得的，不是用妄诞的虚夸就能享有的，不是用地位权势威胁来的，必须真正地做到这些才能获得。愈是去争愈要丧失，谦让反而会赢得，遵守道义就会积久成名，矜夸妄诞就会一场空虚。

井井兮其有理也。严严兮其能敬己也。分分兮其有终始也。猒猒兮其能长久也。乐乐兮其执道不殆也。炤炤兮其用知之明也。修修兮其用统类之行也。绥绥兮其有文章也。熙熙兮其乐人之臧也。隐隐兮其恐人之不当也。如是，则可谓圣人矣。

——《荀子·儒效》

简释：清晰而有条理。注重自己的人格修养。坚定地始终如一。稳固地持之以恒。如磐石般地执行道义不懈怠。运用智慧是那么显著。提纲挈领的能力是那么有条不紊。文雅风采是那么安静泰然。对别人的优点是那么由衷地快乐。担心人们行事违背真理时是那么忧戚。像这样的人,就可以说是超群出众的人了。

知之曰知之,不知曰不知,内不自以诬,外不自以欺,以是尊贤畏法而不敢怠傲。

——《荀子·儒效》

简释:知道就说知道,不知道就说不知道,在内心不欺骗自己,在外不欺骗别人,以这种态度尊重贤才遵守法规而不懈怠倨傲。

不闻不若闻之,闻之不若见之,见之不若知之,知之不若行之。

——《荀子·儒效》

简释:没有听见不如听见,听见了不如看见,看见了不如认识到了,认识到了不如去实践。

人无师无法而知,则必为盗;勇,则必为贼;云能,则必为乱;察,则必为怪;辩,则必为诞。

——《荀子·儒效》

简释:一个人,不学习不懂法规的聪明,就一定是那种偷偷摸摸的聪明;勇敢,就一定是那种狠毒为害的勇敢;有能力,就一定是那种制造祸乱的能力;考察事物,就一定是那种不及事理的大惊小怪;论辩,就一定是那种荒诞无稽的谬论。

志不免于曲私,而冀人之以己为公也;行不免于汙漫,而冀人之以己为修也;甚愚陋沟瞀,而冀人之以己为知也;是众人也。

——《荀子·儒效》

简释:志趣克服不了邪曲阴私,却希望别人承认自己是秉公的人;行为去不掉肮脏邪恶,却希望别人承认自己很有修养;愚蠢卑陋狭昧无知,却希望别人承认自己有才智;这样的人就是一般的庸人。

朋党比周之誉,君子不听;残贼加累之谮,君子不用;隐忌雍蔽之人,君子不近;货财禽犊之请,君子不许。凡流言、流说、流事、流谋、流誉、流恳、不官而衡至者,君子慎之。

——《荀子·致士》

简释:结党营私之辈的赞誉,君子不喜听;以罪恶残害加累别人的坏话坏人,君子不信不用;心计难测没有真意的人,君子不接近他;用钱物美味行贿为手段的请求,君子不答应。凡是没有根源的传言、传说、事情、计谋、称誉、诉说,不走正道横逆而来的事,君子都要慎重对待。

天不为人之恶寒也,辍冬;地不为人之恶辽远也,辍广;君子不为小人之匈匈也,辍行。

——《荀子·天论》

简释:天不会因为人厌恶寒冷而停止冬天;地不会因为人厌恶遥远而缩小宏广;君子不会因为小人恶势逼人而停止实行道义。

君子敬其在己者,而不慕其在天者,是以日进也;小人错其在己者,而慕其在天者,是以日退也。故君子之所以日进,与小人之所以日退,一也。君子小人之所以相悬者在此耳!

——《荀子·天论》

简释:君子重视强调自己的力量和努力,而不去指望什么天命,所以天天进步;小人放弃自己的力量和努力,专去指望天命,所以天天退步。可见君子天天进步,小人天天退步,都是一个道理。君子小人相差悬殊的原因也就在这里。

君子乐得其道,小人乐得其欲。

——《荀子·乐论》

简释:君子的快乐在于获得了真理,小人的快乐在于满足了私欲。

以贪鄙背叛争权而不危辱灭亡者,自古及今,未尝有之也。

——《荀子·解蔽》

简释:由于贪得无厌、道德败坏、背信反叛、争权夺利而不身败名裂的人,从古到今,还不曾有过呢。

心不可以不知道;心不知道,则不可道而可非道。人孰欲得恣而守其所不可以禁其所可! 以其不可道之心取人,则必合于不道人而不知合于道人。以其不可道之心与不道人论道人,乱之本也。夫何以知!

——《荀子·解蔽》

简释:思想上不能不认识真理;如果思想上不认识真理,那就会不赞成真理而相信邪说。人们谁愿意在不受约束、随心所欲的时候去做他不愿做的事,而不去做他所想做的事呢? 按照他那不赞成真理的思想去物色人才,就一定会选中那些各执偏见的人而不会选中坚持真理的人。按照他那不赞成真理的思想去和各执偏见的人一起非议坚持真理的人,这是混乱的根源。这样又怎么能认识真理呢!

心知道然后可道。可道然后能守道以禁非道。以其可道道心取人,则合于道人而不合于不道之人矣。以其可道之心与道人论非道,治之要也。何患不知。

——《荀子·解蔽》

简释:只有在思想上认识了真理才能坚持赞成真理。赞成真理才能维护真理而反对邪说。按照他那赞成真理的思想去物色人才,就一定会选中那些坚持真理的人而不会选中那些各执偏见的人。按照他那赞成真理的思想同坚持真理的人一起去评论各执偏见的人,这是治理好国家事业的关键。何愁不能认识真理。

圣人纵其欲,兼其情,而制焉者理矣。

——《荀子·解蔽》

简释:圣人并不禁止自己的爱好,也容许有自己的感情,而是用理智来控制自己的爱好和感情。

为之无益于成也,求之无益于得也,忧戚之无益于几也。则广焉能弃之矣! 不以自妨也,不少顷干之胸中。不慕往,不闵来,无邑怜之心,当时则动,物至而应,事起而辨,治乱可否,昭然明矣!

——《荀子·解蔽》

简释:如果做了也无助于事情的成功,努力探求了也无助于获得实际效果,忧虑也无助于摆脱困境,那么就应该把这些远远地抛弃掉,不让它们妨碍自己,一刻也不让它们干扰自己的思想。不留恋过去,不担心未来,不要愁闷不安也不要有什么吝惜心情;到了适当的时候就采取行动,事情来了就应去办,问题发生了就去分析、解决,那么能不能结束今天的混乱无绪局面而达到大治,就是非常清楚的了。

不动乎众人之非誉,不治观者之耳目,不赂贵者之权势,不利便辟者之辞;故能处道而不贰,吐而不夺,利而不流,贵公正而贱鄙争。

——《荀子·正名》

简释:不因为众人的非议责难而动摇信念,不为了讨好人而哗众取宠,不屈于权势而贿赂权贵之人,不利用权贵们的亲信之言来作为自己的依赖;只有这样才能坚持真理而不三心二意,遇到困阻而不失去气节,处身顺利而不从俗随流,坚持公理正义而蔑视鄙俗的纷争。

仁之所在无贫穷,仁之所亡无富贵;天下知之,则欲与天下共乐之,天下不知之,则傀然独立天地之间而不畏,是上勇也。礼恭而意俭,大齐信焉,而轻货财;贤者敢推而尚之,不肖者敢授而废之,是中勇也。轻身而重货,恬祸而广解苟免;不恤是非然不然之情,以期胜人为意,是下勇也。

——《荀子·性恶》

简释:正当的事情,即使会招致贫穷也要去做,不正当的事情,宁肯牺牲富贵也不能干;天下的人了解他,就愿意与天下的人同甘共苦,天下的人不了解他,也巍然屹立于天地之间而无所畏惧,这是上等的勇。礼貌恭敬,态度谦虚,重视忠信,轻视钱财;敢于把贤明的人推荐上去使他受到重用,敢于把坏人拉下来废弃掉,这是中等的勇。要钱不要命,惹祸后故作镇静,百般解脱,企图侥幸免于罪罚;不顾是非真假,以胜过别人为目的,这是下等的勇。

　　不知戒,后必有。

——《荀子·成相》

　　简释:犯了错误不知引以为戒,那么以后还会重犯。

　　圣智不用愚者谋,前车已覆,后未知更,何觉时。

——《荀子·成相》

　　简释:大智的人是不听愚人的主意的,前面的车已翻倒了,后面的还不警戒查路,还等什么时候觉悟呢。

　　正直恶,心无度,邪枉辟回失道途,已无邮人、我独自美、岂独无故。

——《荀子·成相》

　　简释:**憎恶正直**,思想上就没有了是非标准,一味近邪行恶就会迷失方向。罪责加于别人,唯独自己正确,你怎么能说自己一点过错没有呢。

　　行义以正,事业以成。

——《荀子·赋》

　　简释:用正直之心去坚持真理,一切事业就会因此而成功。

　　君子隘穷而不失,劳倦而不苟,临患难而不忘细席之言。岁不寒,无以知松柏;事不难,无以知君子无日不在是。

——《荀子·大略》

　　简释:君子穷困受阻而不失去节操,辛劳疲倦而不懈怠,在最困难时也不忘弃昔日的志向。时令不到寒季,就不知道松柏的坚贞不渝;没有艰难祸患,就不知道君子无时无刻不在坚持大义。

　　仁义礼善之于人也,辟之若货财粟米之于家也,多有之者富,少有之者贫,至无有者穷。故大者不能,小者不为,是弃国捐身之道也。

——《荀子·大略》

　　简释:仁义礼善对于人来说,就像家庭生活中的钱物粮食一样,多积存就富有,少积存就贫乏,什么都没有就沦为穷困了。所以大事干不了,小事又不做,这是损公害己的行径。

流言灭之,货色远之。祸之所由生也,生自纤纤也。是故君子早绝之。

——《荀子·大略》

简释:无根据的传言不要听信它,不义的钱财女色要弃绝它。一切祸患在最初时,都是细微无睹的。所以君子要对坏事防微杜渐。

君子能为可贵,不能使人必贵己;能为可用,不能使人必用己。

——《荀子·大略》

简释:君子应该做出受人赞誉的事,但是不应该要求别人必须赞誉自己;应该做出令人信用的事,但是不应该要求别人必须信用自己。

芷兰生于深林,非以无人而不芳。君子之学,非为通也,为穷而不困,忧而意不衰也,知祸福终始而心不惑也。

——《荀子·宥坐》

简释:香芷、兰草生长在幽深的树林里,并不因为没有人闻赏而不播芳馨。君子的学习道理,并不是为了显达得志,而是为了贫穷而不心志困惑,忧郁而不意志衰颓,从而达到懂得祸福终始的规律而思想不迷离混乱。

折而不挠,勇也。

——《荀子·法行》

简释:遭受挫折而不屈服,这是真正的勇士。

同游而不见爱者,吾必不仁也;交而不见敬者,吾必不长也;临财而不见信者,吾必不信也。三者在身曷怨人! 怨人者穷,怨天者无识。失之己而反诸人,岂不亦迂哉!

——《荀子·法行》

简释:与人共处而不受人敬爱,必定是自己有不仁德的地方;与人接触而不被人尊重,必定是自己有不检点的地方;处于钱财之事中得不到信任,必定是自己有令人不相信的地方。这三个毛病存在于自身怎么能怨责别人呢! 怨责别人是走投无路的表现,怨责天命是愚昧无知的表现。错在自己反而推责于人,这不是错得更加远了吗!

所谓士者,虽不能尽道术,必有率也;虽不能遍美善,必有处也。是故知不务多,务审其所知;言不务多,务审其所谓;行不务多,务审其所由。故知既已知之矣,言既已谓之矣,行既已由之矣,则若性命肌肤之不可易也。故富贵不足以益也,卑贱不足以损也,如此则可谓士矣。

——《荀子·哀公》

简释:所谓"士",就是虽然不能懂得一切道理,但是必定有自己遵循的正道;虽然不能具有一切美好的品德,但是必定具有自己特殊的美德;所以,懂得的道理不重于多,而重于真正懂得;说话不重于多,而重于所说是否正确;做事不重于多,而重于是否合理。所以,懂得的就是真正懂得的那些,说的就是正确的那些,做的就是合理的那些,就像生命皮肉一样不能轻易改变。所以,富贵不能使他骄奢自满,地位低下不能使他失去志向,做到这些就可以说是"士"了。

长短不饰,以情自竭,若是则可谓直士矣。

——《荀子·不苟》

简释:不夸饰自己的长处和短处,把自己的真实情况完全表达出来,像这样的人可以说是"直士"啊。

正身之士,舍贵而为贱,舍富而为贫,舍佚而为劳,颜色黎黑而不失其所。

——《荀子·尧问》

简释:品行端正的人,宁肯身居低下,也不要那种不义的高贵;宁肯贫穷如洗,也不要不义之财;宁肯辛苦疲劳,也不享用不义的安乐;即使困窘得面色灰黑也不失去他的气节。

调而不流,柔而不屈,宽容而不乱。

——《荀子·臣道》

简释:调合而不随大流,柔和而不屈节就俗,宽容而不纵容作乱。

积微:月不胜日,时不胜月,岁不胜时。凡人好敖慢小事,大事至然后兴之务之,如是则常不胜夫敦比于小事者矣。是何也?则小事之至也数,其县日也博,其为积也大。大事之至也希,其县日也浅,其为积也小。

——《荀子·强国》

简释:要积累微小的功绩:按月不如按日,按季不如按月,按年不如按季。一般地说,凡是习惯于轻视小事,大事来了才动手去做的人,常常比不上那些勤恳细致地做小事的人。这是什么原因呢?因为小事来得频繁,所以用去的时间多、积累起来的成绩也大。大事来得稀少,所用去的时间不多,积累起来的成绩也小。

邪秽在身,怨之所构。

——《荀子·劝学》

简释:行为淫邪肮脏,人们的怨恨就会集中到他的身上。

夫香美脆味,厚酒肥肉,甘口而病形;曼理皓齿,说情而捐精。故去甚去泰,身乃无害。

——《韩非子·扬权》

简释:香甜松脆的美味,浓酒肥肉,虽好吃可口,过量了却有害身体;肤美齿洁的美女,虽然使你高兴,却耗损你的精神。所以,去掉过度的嗜好和欲望,身体才不致受到损害。

失道而后失德,失德而后失仁,失仁而后失义,失义而后失礼。

——《韩非子·解老》

简释:背离真理后就会丧失好品德,丧失了好品德后就失去了良心,失去良心就不讲大义,不讲大义的人连起码的礼仪都不会有了。

礼为情貌者也,文为质饰者也。夫君子取情而去貌,好质而恶饰。

夫持貌而论情者,其情恶也,须饰而论质者,其质衰也。

——《韩非子·解老》

简释:"礼",就是感情的外表;"文",就是本质的装饰。君子追求的是真实感情而厌弃虚假的外表,喜欢实质而讨厌过分的装饰。那种摆出真诚样子表达感情的虚伪者,他的感情是丑恶的;那种冠冕堂皇巧言辩语地显示本质的人,他的本质是虚弱的。

礼繁者实心衰也。

——《韩非子·解老》

简释:礼节过分繁琐,说明内心并不真挚热情。

人有福则富贵至,富贵至则衣食美,衣食美则骄心生,骄心生则行邪僻而动弃理,行邪僻则身死夭,动弃理则无成功。夫内有死夭之难,而外无成功之名者,大祸也。而祸本生于有福。

——《韩非子·解老》

简释:人有幸运就会得到富贵,得到富贵就会衣食丰美,衣食丰美就会产生骄傲之心,产生骄傲之心就会行为邪恶做事背理。行为邪恶就会性命难保,做事背理就什么也干不成。因此,内有要丢命的危险,外无成功的希望,这是一个人的大祸临头。而灾祸,本来就隐藏在幸福之中。

虽势尊衣美,不以夸贱欺贫。

——《韩非子·解老》

简释:虽然地位尊贵衣表堂皇,也不要嘲笑地位卑下的人和贫困的人。

今众人之所以欲成功而反为败者,生于不知道理而不肯问知而听能。

——《韩非子·解老》

简释:现在好多人想成功却失败了的原因,在于他不懂得道理而又不愿意向人学习听人教导帮助。

人有欲则计会乱,计会乱而有欲甚,有欲甚则邪心胜,邪心胜则事经绝,事经绝则祸难生。由是观之,祸难生于邪心,邪心诱于可欲。可欲之类,进则教良民为奸,退则令善人有祸。

——《韩非子·解老》

简释:人有了贪欲就会失去理智,失去理智就使贪心加重,贪心加重邪心就会占上风,邪心占了上风就堵塞了做事的原则,做事失去了原则,就会有灾难发生了。这样看来,祸难产生于邪心,邪心是贪欲诱惑出来的。贪欲这东西,推开来说能唆使良民干坏事,退一步说能让好人遭祸害。

欲利之心不除,其身之忧也。

——《韩非子·解老》

简释:贪图私利的念头不打消,是一个人的隐患。

嗜欲无限,动静不节,则痤疽之爪角害之。好用其私智而弃道理,则网罗之爪角害之。

——《韩非子·解老》

简释:嗜好和欲望没有限制,活动和休息没有规律,那么病魔的尖爪利角就伸向你了。爱耍弄个人的小聪明而背弃道理,那么灾祸的罗网就已向你张开了。

知之难,不在见人,在自见。

——《韩非子·喻老》

简释:知人的难处,不在于认识别人,而在于认识自己。

志之难也,不在胜人,在自胜也。

——《韩非子·喻老》

简释:人的意志中最艰难的地方,不在于战胜别人,而在于战胜自己。

常酒者,天子失天下,匹夫失其身。

——《韩非子·说林上》

简释:纵酒无度的人,是天子,要因此失天下;是个普通人,要丢失切身利益。

巧诈不如拙诚。

——《韩非子·说林上》

简释:机巧于蒙混欺骗,比不上拙朴老实。

古之人目短于自见,故以镜观面;智短于自知,故以道正己。故镜无见疵之罪,道无明过之怨。目失镜则无以正须眉,身失道则无以知迷惑。

——《韩非子·观行》

简释:古人因为眼睛缺少自见的能力,所以发明镜子来观察面容;因为智慧缺少自知的能力,所以就探求道理来端正自己。所以镜子没有显现脸上毛病的罪责,道理不受揭露过错的抱怨。眼睛离开镜子就无法修饰面容,人离开道理就无法辨别是非了。

明夫恃人不如自恃也,明于人之为己者不如己之自为也。

——《韩非子·外储说右下》

简释:要懂得依赖别人不如依靠自己,要懂得让别人帮助自己不如自己自重自强。

夫有云雾之势,而能乘游之者,龙蛇之材美也;今云盛而螾弗能乘也,雾酼而螳不能游也,夫有盛云酼雾之势而不能乘游者,螾螳之材薄也。

——《韩非子·难势》

简释:有了云雾之势,能够凭势乘云驾雾去飞游,这是因为龙蛇本身素质美好;现在云盛而蚯蚓不能乘之而飞,雾重而蚂蚁不能驾之而游,有了盛云浓雾之势却无法凭之去飞游,这是因为蚯蚓蚂蚁本身的素质太低劣了。

夫言行者,以功用为之的彀者也。夫砥砺杀矢而以妄发,其端未尝不中秋毫也,然而不可谓善射者,无常仪的也。设五寸之的,引十步之远,非羿、逢蒙不能必中者,有常也。故有常则羿、逢蒙以五寸的为巧,无常则以妄发之中秋毫为拙。

——《韩非子·问辩》

简释:对于言论和行动,必须以它的实用作为判断价值的标准。锋利的箭胡乱地射出去,最后它总要中落在一点上,然而这却不是好射手,因为他没有确定的目标。如果设置一个五寸大小的耙子,离开它十步远,除了羿和逢蒙之外的人也不一定能射中它,因为它是确定的目标。所以,有了确定的目标,那么羿和逢蒙就因为射中五寸大的目标为神巧;没有确定的目标,而是胡乱发射击中了秋毫之物,那也是笨拙无用的。

领导要义篇

子曰：“其身正，不令而行；其身不正，虽令不从。”

《论语》

【译文】

孔子说：“在上者自己要行得正，不用命令在下者也能照着做，自己身行不正，虽然发号施令，在下者也不会听从。”

圣人之治,虚其心,实其腹,弱其志,强其骨。常使民无知无欲,使夫智者不敢为也。

——《老子·三章》

简释:圣明的人治理政事,要净化人的心思,满足人的安饱,减损人的私心,增强人的体魄。常使人没有伪诈心智和欲念,使那些自作聪明的人不敢妄为。

贵以身为天下,若可寄天下;爱以身为天下,若可托天下。

——《老子·十三章》

简释:以贵身的态度去为天下,才可以把天下寄托给他;以爱身的态度去为天下,才可以把天下委托给他。

信不足焉,有不信焉。

——《老子·二十三章》

简释:统治者的诚信不足,人们自然不肯相信他。

圣人常善救人,故无弃人;常善救物,故无弃物。是谓袭明。

——《老子·二十七章》

简释:圣明的人经常善于人尽其才,所以没有被遗弃的人;经常善于物尽其用,所以没有被废弃的物。这就叫作保持清醒。

圣人去甚,去奢,去泰。

——《老子·二十九章》

简释:圣明的人要去除极端的,去除奢侈的,去除过度的措施。

圣人无为,故无败;无执,固无失。

——《老子·六十四章》

简释:圣明的人不妄为,所以不会失败;不把持,所以不会失去。

善建者不拔,善抱者不脱。

——《老子·五十四章》

简释:善于建树的不尚拔除,善于抱持的不会脱落。

知者不言，言者不知。

——《老子·五十六章》

简释：智者是不向人施加威令的，施加威令的人就不是智者。

大者宜为下。

——《老子·六十一章》

简释：大者更应该谦以待下。

为之于未有，治之于未乱。

——《老子·六十四章》

简释：要在事情没有发生以前就处理妥当，要在祸乱没有出现前就早有防备。

民之从事，常于几成而败之。慎终如始，则无败事。

——《老子·六十四章》

简释：人们做事情，常常失败于快要成功之时。事情要办成时仍像开始时那样谨慎，那就不会败事了。

江海之所以能为百谷王者，以其善下之。

——《老子·六十六章》

简释：江海之所以能成为百川朝汇之王，因为它善于处在低下的地位。

圣人欲上民，必以言下之；欲先民，必以身后之。

——《老子·六十六章》

简释：圣明的人要当人民的领导，必须心口一致地对他们谦下；要成为人民的表率，必须把自身利益放在他们后面。

善为士者，不武；善战者，不怒；善胜敌者，不与；善用人者，为之下。

——《老子·六十八章》

简释：善作将帅的，不逞勇武；善于作战的，不轻易激怒；善于战胜敌人的，不用对斗；善于用人的，对人谦下。

上善若水。水善利万物而不争,处众人之所恶。

——《老子·八章》

简释:上善之人就像水一样。水善于滋润万物而不与万物相争,总是居处在人们视为低下之地。

举直错诸枉,则民服;举枉错诸直,则民不服。

——《论语·为政》

简释:选用正直的人安置在邪曲之人的上面,人们就会服从;选用邪曲的人任用于正直人之上,人们就会不服从。

有君子之道四焉:其行己也恭,其事上也敬,其养民也惠,其使民也义。

——《论语·公冶长》

简释:有四种君子之道:他自己的行为恭谨,他事奉上级尊敬,他抚育人民有恩惠,他使用人民合乎道理。

道千乘之国,敬事而信,节用而爱人,使民以时。

——《论语·学而》

简释:治理一个有兵车千乘的国家,对政务要慎重处理,发号施令要讲信用,节约费用,爱护人民,使用人民要掌握时机。

暴虎冯河,死而无悔者,吾不与也。必也临事而惧,好谋而成者也。

——《论语·述而》

简释:空手打老虎,徒步过大河,死了都不后悔的人,我不同他共事。同我共事的人一定要遇事谨慎小心,长于思考问题而能够完成任务的人。

人而不仁,疾之已甚,乱也。

——《论语·泰伯》

简释:对那些不仁义的人,如果痛恨责罚他们太过分,就会逼迫他们起来闹乱子。

居之无倦,行之以忠。

——《论语·颜渊》

简释:身居官位不懈怠,执行政令要忠实。

政者,正也。子帅以正,孰敢不正?

——《论语·颜渊》

简释:执政就要正直。你带头走正路,谁敢不走正路呢?

举直错诸枉,能使枉者直。

——《论语·颜渊》

简释:把正直的人任用在邪曲之人的上边,能使邪曲的人也变正派起来。

先之劳之。无倦。

——《论语·子路》

简释:先引导人们上正路,然后再使他们勤劳地工作。领导者自己工作不要懈怠。

先有司,赦小过,举贤才。

——《论语·子路》

简释:引导使用好手下的办事人员,赦免原谅犯了小错误的人,选用有才能的人。

名不正则言不顺,言不顺则事不成。

——《论语·子路》

简释:名分不正,说话就不顺理,说话不顺理,事情就办不成。

君子于其言,无所苟而已矣。

——《论语·子路》

简释:君子对自己所说的话,不能有一点随便马虎。

其身正,不令而行;其身不正,虽令不从。

——《论语·子路》

简释：(领导者的)行为正派，就是不发命令人们也会执行；行为不正派，就是发了命令人们也不会听从。

君子易事而难说也。说之不以道，不说也。及其使人也，器之。小人难事而易说也。说之虽不以道，说也。及其使人也，求备焉。

——《论语·子路》

简释：在君子手下工作容易但要令他喜爱很难。不用正道使他喜爱，他是不会喜爱的。到他使用人的时候，他能按照人们的才能进行合理使用。在小人手下工作很难，但要讨他的欢喜容易。即使不用正道去讨他欢喜，他也会欢喜的。到他使用人的时候，他往往求全责备。

上好礼，则民易使也。

——《论语·宪问》

简释：在上位的能依照礼法行事，那么人们就容易听从指挥。

君子不以言举人，不以人废言。

——《论语·卫灵公》

简释：君子不因为有些人的话说得好听而提拔他们，也不因为有的人品德不好而废弃他们说得正确的话。

众恶之，必察焉；众好之，必察焉。

——《论语·卫灵公》

简释：大家都讨厌他，一定要考察一下；大家都喜爱他，也一定要考察一下。

如有所誉者，其有所试矣。

——《论语·卫灵公》

简释：如果有所赞美，那也是经过考察的。

君子惠而不费，劳而不怨，欲而不贪，泰而不骄，威而不猛。

——《论语·尧曰》

简释：君子使老百姓得到好处而不耗费；使用老百姓而不招怨恨；追求仁义而不贪财图利；性情安宁而不骄傲；态度威严而不凶猛。

不教而杀谓之虐，不戒视成谓之暴，慢令致期谓之贼，犹之与人也出纳之吝谓之有司。

——《论语·尧曰》

简释：不先进行教育而只讲杀罚，叫做"虐"；不事先告诫而要求必须成功，叫做"暴"；下达可以缓慢执行的命令却又限期完成，叫做"贼"；同样是给人东西而又舍不得拿出来，叫做"吝啬"。

陈力就列，不能者止。

——《论语·季氏》

简释：尽自己的才力去担当职务，如果不称职就辞职。

民无信不立。

——《论语·颜渊》

简释：没有人民的信任就站不住脚。

苟正其身矣，于从政乎何有？不能正其身，如正人何？

——《论语·子路》

简释：如果（领导者）能够端正自己，管理政务还有什么困难？如果不能端正自己，又怎么能去端正别人呢？

近者说，远者来。

——《论语·子路》

简释：使你领导下的人感到心情愉快舒畅，使在你领导之外的人愿意投奔你。

以不教民战，是谓弃之。

——《论语·子路》

简释：叫没有受过训练的人去作战，这就等于抛弃他们。

言忠信,行笃敬……立则见其参于前也,在舆则见其倚于衡也,夫然后行。

——《论语·卫灵公》

简释:说话忠诚老实,行为忠厚严肃……站着时就好像"忠信笃敬"几个字立在眼前,坐车时就好像看见"忠信笃敬"几个字挂在车前的横木上,这样之后就会到处行得通。

知及之,仁不能守之,虽得之,必失之。知及之,仁能守之,不庄以涖之,则民不敬。知及之,仁能守之,庄以涖之,动之以不礼,未善也。

——《论语·卫灵公》

简释:用聪明取得了官职,却不能用仁德去保持它,即使得到了,也一定会失去。用聪明取得了官职,能用仁德保持它,但不能用庄重的态度去领导人们,那么人们也是不会敬从的。用聪明取得了官职,能用仁德保持它,又能以庄重的态度去领导人们,但不用礼节去发动人们,那也是不完善的。

君子不可小知而可大受也,小人不可大受而可小知也。

——《论语·卫灵公》

简释:君子不能用小事去考验他而可以让他承担重大任务;小人不可以承担大事而可以用小事去考验他。

如有周公之才之美,使骄且吝,其余不足观也已。

——《论语·泰伯》

简释:一个在上位的人即使有像周公那样美好的才能,如果骄傲而吝啬狭隘,那其他方面也就不值得一看了。

舜好问而好察迩言,隐恶而扬善,执其两端。

——《中庸·第六章》

简释:舜帝乐于向别人求教,而且喜欢对那些浅近的话进行认真思考。他包涵别人的缺点而表扬优点,他掌握人们认识上"过"与"不及"两个极端的偏向。

为政在人,取人以身,修身以道,修道以仁。

——《中庸·第二十章》

简释:处理政事的方法就在获得人才;而获得人才的方法,就在于提高自身品德修养;要提高自身品德修养,就在于使自己的言行符合道德规范,要使自己言行符合道德规范,就在于树立仁爱之心。

凡为天下国家有九经,曰:修身也;尊贤也;亲亲也;敬大臣也;体群臣也;子庶民也;来百工也;柔远人也;怀诸侯也。

——《中庸·第二十章》

简释:大凡治理天下国家有九条常规,就是:努力提高自身品德修养,尊重贤才,爱护自己的亲人,敬重大臣,体恤群臣,像爱自己的儿子那样去爱人民,招集各种工匠以资需要,优待远方来宾,安抚四方诸侯。

去谗远色,贱货而贵德,所以劝贤也。

——《中庸·第二十章》

简释:摒弃谗佞小人,远离诱人女色,轻视钱财货物,珍视道德品质,这才是勉励贤人的好方法。

修身,则道立;尊贤,则不惑。

——《中庸·第二十章》

简释:提高自身品德修养,就是树立一个良好的道德典范;尊重贤才,就不会受骗上当。

愚而好自用,贱而好自专。

——《中庸·第二十八章》

简释:愚蠢的人往往喜欢凭自己的主观意图行事,卑劣的人常常喜欢独断专行。

非贤无急，非士无与虑国；缓贤忘士，而能以其国存者，未曾有也。

——《墨子·亲士》

简释：如果不把亲近和任用贤能的人作为当务之急，那就不再有更为急迫的事情了。如果没有贤能的人，那就没有和你一起为国谋划的人了；怠慢轻视贤能的人，却能使国家安定生存，这样的事没有发生过。

太上无败，其次败而有以成，此之谓用民。

——《墨子·亲士》

简释：(亲士用贤的意义在于：)最好的成果是不至于有失败，其次是即使失败了仍有办法获取成功，这就是由于任用了贤人。

君必有弗弗之臣，上必有诤诤之下，分议者延延，而支苟者诤诤，焉可以长生保国。

——《墨子·亲士》

简释：君主一定要有敢于矫正自己过错、直言争谏的臣子；臣子之间又能够互相争辩事理不迁就，互相批评不姑息，没有谄佞阿谀之风。只有这样，国家才能保全而且长存不衰。

臣下重其爵位而不言，近臣则喑，远臣则吟，锶结于民心。谄谀在侧，善议障塞，则国危矣。

——《墨子·亲士》

简释：臣子看重自己的官位而不敢说话，左右近臣默不作声，外远之臣只能嗟叹，这样下去就会怨恨积郁在人们心中。身边的都是谄媚阿谀的人，正确的意见被弃置不用，那么国家就危险了。

归国宝，不若献贤而进士。

——《墨子·亲士》

简释：赠送于国家奇珍异宝，不如推荐贤才能士。

不胜其任而处其位，非此位之人也；不胜其爵而处其禄，非此禄之主也。

——《墨子·亲士》

简释：处于那个地位却不能胜任，就不是与那个地位相称的人；据有那样的俸禄却不能胜任那个职务，就不应该是那样俸禄的所有者。

良弓难张，然可以及高入深；良马难乘，然可以任致远；良才难令，然可以致君见尊。

——《墨子·亲士》

简释：好的箭弓虽然不容易张开，却能把箭射到高处和深处；好马虽然不容易驯服乘坐，却既能负重又能驰行远方；才能杰出的人虽然不唯命是从，却能够扶助君主建立受人尊重的事业。

天地不昭昭，大水不潦潦，大火不燎燎，王德不尧尧者。

——《墨子·亲士》

简释：天地不昭昭为明而美丑皆收，大水不潦潦为大而川泽皆纳，大火不燎燎为盛而草木皆容，王德不显示其高明而贵贱皆亲近他。

乃千人之长也，其直如矢，其平如砥，不足以覆万物。是故溪陕者速涸，逝浅者速竭，硗埆（qiāo què）者其地不育。王者淳泽，不出宫中，则不能流国矣。

——《墨子·亲士》

简释：管理千人之众的官吏，如果他像箭秆和磨刀石那么拙直执意和平常呆板，那么他就不能通达容纳一切事物。所以，溪流太狭窄就枯干得快，川流太浅就枯竭得快，土地太贫瘠就长不出植物来。君主淳厚的恩泽如果只局限在内部宫中，就不能流播到全国去了。

非独染丝然也，国亦有染。舜染于许由、伯阳，禹染于皋陶、伯益，汤染于伊尹、仲虺，武王染于太公、周公。此四王者所染当，故王天下，立为天子，功名蔽天地。举天下之仁义显人，必称此四王者。夏桀染于干辛、推哆,殷纣染于崇候、恶来,厉王染于厉公长文、荣夷终,幽王染于傅公夷、蔡公穀。此四王者所染不当,故国残身死,为天下僇。举天下不义辱人,必称此四王者。

——《墨子·所染》

简释:不是只有素丝才这样受染改色的,国家也受到感染的影响。虞舜受到许由、伯阳这样贤人的感染,大禹受到皋陶、伯益这样的贤人感染,商汤王受到伊尹、仲虺这样的贤人感染,周武王受到姜太公、周公这样的贤人感染。这四位君王受到了正确得当的感染和教益,所以称王于天下,被立为天子,功盖四方名扬天下。人们只要提起天下仁德和声名昭著的人,必然首先称道这四位君王。与此相反,夏桀受到千辛、推哆这样的坏人感染,殷纣王受到崇候、恶来这样的坏人感染,周厉王受到厉公长父、荣夷终这样的坏人感染,周幽王受到傅公夷、蔡公穀这样的坏人感染。这四个君主受的是邪恶的感染和教唆,所以弄得国破身亡,被天下人指为可耻之徒。人们只要提起天下最无道最可耻的人,必然先提起这四个人。

凡君之所以安者何也?以其行理也。行理性于染当。故善为君者,劳于论人而佚于治官。不能为君者,伤形费神,愁心劳意;然国逾危,身逾辱。

——《墨子·所染》

简释:凡是做君主的,靠什么获得安稳呢?靠他做事合乎正道。做事走正道来自于受到了正确得当的感染和教益。所以善于当君主的,总是用心致力于选拔人才,而不是沉溺于政务。不善于当君主的,虽然弄得身乏精疲,忧心费神,可是国家却越来越不安宁,名声越来越坏。

国有七患。七患者何?城郭沟池不可守而治宫室,一患也;边国至境,四邻莫救,二患也;先进民力无用之功,赏赐无能之人,民力尽于无用,财金虚于待客,三患也;仕者持禄,游者爱佼,君修法讨臣,臣慑而不敢拂,四患也;君自以为圣智而不问事,自以为安强而无守备,四邻谋之不知戒,五患也;所信者不忠,所忠者不信,六患也;畜种菽粟不足以食之,大臣不足以事之,赏赐不能喜,诛罚不能威,七患也。

——《墨子·七患》

简释:国家有七种祸患。哪七种祸患呢？边境的城墙和护境河都无法防守了,却还在修建内室宫苑,这是第一个祸患;强敌压境,邻国不来援救,这是第二个祸患;民力完全消耗在无用的事情上,奖赏那些无才能的人。民力消耗于无用之事,钱财因为招待宾客而空无所存,这是第三个祸患;有官位的人只求保持俸禄和地位,不当官的人只知交友图私,君主致力于制定讨罚臣下的法律,臣下怕触怒君主不敢忠言直谏,这是第四个祸患;君主凡事自以为神圣而聪明,凡事不询问下属,自以为安稳、强盛而不重视防守戒敌,邻国图谋消灭他也毫无警惕,这是第五个祸患;所信任的人并不忠实于他,忠实于他的人都得不到信任,这是第六个祸患;种植收获的粮食不足需用,大臣厚积权势不听使用,奖励不当不能令人欢欣鼓舞,惩罚不当无法形成威力,这是第七个祸患。

今者王公大人为政于国家者,皆欲国家之富,人民之众,刑政之治。然而不得富而得贫,不得众而得寡,不得治而得乱,则是本失其所欲,得其所恶。是其故何也？子墨子言曰:"是在王公大人为政于国家者,不能以尚贤事能为政也。是故国有贤良之士众,则国家之治厚;贤良之士寡,则国家之治薄。故大人之务,将在于众贤而已。"

——《墨子·尚贤上》

简释:现在那些负责治理国家的高级官员,都希望国家富足,人口众多,刑事和政务得到治理。可是却没有得到富足反而导致贫穷,没有得到人口增加反而减少,没有得到治理反而导致混乱,希望的全丧失了,得到的都是恶果。这是什么原因呢？墨子说："这是那些负责治理国家的高级官员们，不能够推崇贤才、任用能人去从事治理的缘故。所以，国家有了大批的贤士良才，那么国家的治理功效就大；贤士良才缺少，那么治理的功效就小。所以，高级官员的最首要工作，就在于广泛地择用贤士良才。"

曰："然则众贤之求将奈何哉？"子墨子言曰："譬若欲众其国之善射御之士者，必将富之、贵之、敬之、誉之，然后国之善射御之士，将可得而众也。况又有贤良之士，厚乎德行，辩乎言谈，博乎道者乎！此固国家之珍而社稷之佐也，亦必且富之、贵之、敬之、誉之，然后国之良士，亦将可得而众也。"

——《墨子·尚贤上》

简释：有人问："那么，用什么方法去广泛地招选贤士良才呢？"墨子说："这就好比要招选一大批全国最好的射箭、驾车的人，一定要首先使他们富裕、使他们受重视、使他们受尊敬、使他们有荣誉，这样做了之后，全国的好射手、好御手，才能够众多来归。更何况现在是招选德行高尚、善于言论服人、通晓治国方策的贤士良才呢！他们都是国家的珍宝和辅助治国的人，更应该使他们富裕、使他们受重视、使他们受尊敬、使他们有荣誉，这样做了之后，全国的贤士良才，也将会众多来归的。"

不义不富，不义不贵，不义不亲，不义不近。

——《墨子·尚贤上》

简释：不义的人不能使他们富裕，不义的人不能使他们受尊重，不义的人不要喜欢他，不义的人不要接近他。

上之所以使下者，一物也；下之所以事上者，一求也。

——《墨子·尚贤上》

简释：上级用来使用下级的，只有一件事（推贤任能）；下级用来事奉上级的,只有一条路(遵循正义)。

圣王之为政,列德而尚贤。虽在农与工肆之人,有能则举之。高予之爵,重予之禄,任之以事,断予之令。曰:爵位不高,则民弗敬;蓄禄不厚,则民不信;政令不断,则民不畏。举三者授之贤者,非为贤赐也,欲其事之成。故当是时,以德就列,以官服事,以劳殿赏,量功而分禄。故官无常贵而民无终贱。有能则举之,无能则下之。举公义,辟私怨。

——《墨子·尚贤上》

简释:圣明的君王治理政务,推崇贤德的人并安排他们在一定职位。即使是从事农业和工场商贾的平民,只要有贤能就提拔他。给他较高的爵位和厚重的俸禄,把重大事务交托于他,授予他决断刑政的权力。就是说:不给他高位,那么人们就不会敬重他;不给他优厚的俸禄,那么人们就会不信服他;不给他决断刑政的权力,那么人们就会不敬畏他。把这三样东西授予贤者,不是因为他贤能而赏赐他,而是希望他办成事业。这样做了之后,就按德才高低让贤能者担任一定职位,按照职位给予他们任事的权限,按照他们的功劳决定奖励,衡量他们的功效分给他们俸禄。所以,做官的不能永远尊贵,平民不会始终低贱。有才能就提拔他,没有才能就罢免他。选拔民众公认有大义的人,消除私人之间的怨恨和成见。

士者,所以为辅相承嗣也。故得士则谋不困,体不劳,名立而功成,美章而恶不生,则由得士也。

——《墨子·尚贤上》

简释:贤良的人,可以做辅佐之臣,也可以做国家权柄的继承人。所以,得到了贤良之才就会谋事不困惑,减少躬亲之劳,就会建立名望完成功业,使美好的更加光大,丑恶的不致产生,这些都是由于有了贤良之才。

得意,贤士不可不举;不得意,贤士不可不举。尚欲祖述尧舜禹汤之道,将不可以不尚贤。夫尚贤者,政之本也。

——《墨子·尚贤上》

简释:在功成治定时,贤良之才不能不选拔;在志向功业未成时,贤良之才不能不选拔。要想效法尧舜禹汤这些伟人的业绩,就不能不推崇任用贤良之才。这个推崇任用贤才,是治理政务的根本。

今王公大人之君人民、主社稷、治国家,欲修保而勿失,故不察尚贤为政之本也!

——《墨子·尚贤中》

简释:现在国家的高级官员要想统治人民、主宰国家,要长久保持统治而不丧失,怎么能不懂得推崇任用贤才是统治的根本呢!

何以知尚贤之为政本也? 曰:自贵且智者为政乎愚且贱者则治,自愚贱者为政乎贵且智者则乱。是以知尚贤之为政本也。

——《墨子·尚贤中》

简释:怎么知道推崇任用贤才是统治的根本呢? 回答是:由高贵而聪明的人去治理愚蠢而低贱的人,那么国家就能治理好;由愚蠢而低贱的人去治理高贵而聪明的人就要出现混乱。从这点就可以知道推崇任用贤才是治理政务的根本了。

古者圣王甚尊尚贤而任使能,不党父兄,不偏贵富,不嬖颜色。贤者举而上之,富而贵之,以为官长;不肖者抑而废之,贫而贱之,以为徒役。是以民皆劝其赏,畏其罚,相率而为贤者,以贤者众而不肖者寡,此谓进贤。然后圣人听其言,迹其行,察其所能而慎予官,此谓事能。故可使治国者使治国,可使长官者使长官,可使治邑者使治邑。凡所使治国家、官府、邑里,此皆国之贤者也。

——《墨子·尚贤中》

简释:从前的圣明君王,十分尊重和崇尚贤才、任用能人,不偏私父兄亲戚,不偏护富贵者,不宠爱美貌的人。把贤才选拔到高的职位上,让他富裕尊贵,去担任官长;把不像样的人撤免下去,让他去过贫贱生活、充当使役。这样一来,人们都能从圣王的奖赏中得到鼓励,从圣王的惩罚中感到畏惧,都争相做贤能的人,所以贤能的人多起来,不像样的人少起来,这就叫作"进贤"。这样做了之后,圣人便对贤人听其言论,察访其行为,衡量他的才干慎重地任他官职,这就叫作"事能"。所以,有治国才干的让他从事治国,能主持下级政府的让他去主持政府,能治理邑里的让他去治理邑里。凡是任用的治理国家、官府、邑里的人,都是国家的贤良人才。

今王公大人亦欲效人,以尚贤使能为政,高予之爵而禄不从也。夫高爵而无禄,民不信也,曰:"此非中实爱我也,假藉而用我也。"夫假藉之,民将岂能亲其上哉?

——《墨子·尚贤中》

简释:现在的高级官员也想效法圣明的君王,用推崇贤才任用能人治理政务,可是却在授予高爵时不相应地给予俸禄。授了高爵却不给俸禄,那么高爵无禄的人就不相信这是尚贤使能,他们会说:"这不是诚心爱用我,只是借用我做个尚贤使能的样子。"这种借用做样子的做法,贤才能人怎么能对上级亲诚呢?

贪于政者,不能分人以事;厚于货者,不能分人以禄。事则不与,禄则不分,请问天下之贤人将何自至乎王公大人之侧哉?

——《墨子·尚贤中》

简释:贪权独揽的人,不能够给别人任事之权;看重钱财的人,不能够给人应得的俸禄。不给任事之权,不给应得之禄,请问:天下的贤才能人凭什么会来到你王公大人的身边呢?

若苟贤者不至乎王公大人之侧,则此不肖者在左右也。不肖者在左右,则其所誉不当贤,而所罚不当暴。王公大人尊此,以为政乎国家,则赏亦必不当贤,而罚亦必不当暴。若苟赏不当贤而罚不当暴,则是为贤者不劝,而为暴者不沮矣。

——《墨子·尚贤中》

简释:假如贤才能人不到王公大人的身边,那么不像样的人就会侍奉左右。这些不像样的人处在王公大人左右,那么他们所赞誉的就不是真正的贤人,所惩罚的也不是真正的罪人。王公大人们听他们的意见,去治理国家,那么也必然是奖赏的不是真正的贤人,惩罚的也不是真正的罪人。假如奖赏的不是贤人,惩罚的不是罪人,那么做正事的贤人就得不到鼓励,做坏事的恶人也不能得到制止。

且夫王公大人有所爱其色而使,其心不察其知,而与其爱。是故不能治百人者,使处乎千人之官;不能治千人者,使处乎万人之官,此其故何也?曰:处若官者,爵高而禄厚,故爱其色而使之焉!夫不能治千人者,使处乎万人之官,则此官什倍也。夫治之法将日至者也,日以治之,日不什修;知以治之,知不什益。而予官什倍,则此治一而弃其九矣。虽日夜相接,以治若官,官犹若不治。此其故何也?则王公大人不明乎以尚贤使能为政也。

——《墨子·尚贤中》

简释:王公大人们对自己宠爱的人的任用,必然不考察他的智慧,而是偏私任用。所以,一百个人都治理不了的,让他去当千人之官;一千个人都治理不了的,让他去当万人之官,这是为什么呢?回答是:担任这个官职的人,地位高俸禄厚,所以把它给了宠爱的人担任。那个不能治理千人的人,让他当了万人之官,这就等于授予的官职超过了他能力的十倍了。即使他治事能力会与日俱增,然而用以治事的一天时间,却不会增长十倍;他的治事能力,也不会增加十倍。而给他超过自身能力十倍的官职,他就只能治理其中的一份而放弃其他九份了。即使他昼夜不停,忙于这个职务的事务,也还是治理不好这个职务上的政务。这是为什么呢?这是王公大人们不懂得任用贤能之人来治理政务。

此道也,大用之天下则不窕,小用之则不困,修用之则万民被其利,终身无已。

——《墨子·尚贤中》

简释:这个"尚贤使能"之道,使用于全天下就不会亏缺;使用于小的领域也不困塞,长久地实行它人民就会享受福利,永远不会用到头。

王公大人有一罢马不能治,必索良医;有一危弓不能张,必索良工。当王公大人之于此也,虽有骨肉之亲、无故富贵、面目美好者,实知其不能也,必不使。是何故?恐其败财也。当王公大人之于此也,则不失尚贤而使能。逮至其国家则不然,王公大人骨肉之亲、无故富贵、面目美好者则举之。则王公大人之亲其国家也,不若亲其一危弓、罢马、衣裳、牛羊之财与?我以此知天下之士君子,皆明于小而不明于大也。

——《墨子·尚贤下》

简释:王公大人们如果有一匹病马不好治愈,一定会去寻找良医;有一张出毛病的弓不能使用,一定会去寻找好工匠。当王公大人处于这类事之中时,即使是他的骨肉之亲、是他无功而给予富贵的人、是他宠爱的人,如果知道他们不能干,必然不会使用他们。这是什么原因?是怕他们损坏自己的财物。当王公大人处于这类事之中时,就不失为任用贤能之人。等到他对国家的事务时就不同了,凡是王公大人的骨肉之亲、让他无功赐予富贵的人、他宠爱的人都一一提拔使用。那么,王公大人对国家的爱护,还不如对自己的一张有毛病的弓、一匹病马、一件衣裳、牛羊这类财物吗?我从这类事情上知道了天下做官的人,都是明通小利而不懂得大义。

民知上置正长之非以治民也，是以皆比周隐匿，而莫肯尚同其上。是故上下不同义。若苟上下不同义，赏誉不足以劝善，而刑罚不足以沮暴。

——《墨子·尚同中》

简释：人民知道上边设置的各级行政长官不是用以治理好人民的，就会因此而纷纷结党营私隐藏良道，而不愿意与上级一心。因此，上下没有共同的道义。如果上下没有共同的道义，那么上边的奖赏赞誉就不能勉励人们做正事，刑罚也不能禁止人们干坏事。

助之视听者众，则其所闻见者远矣；助之言谈者众，则其德音之所抚循者博矣；助之思虑者众，则其谈谋度速得矣；助之动作者众，即其举事速成矣。故古者圣人之所以济事成功，垂名于后世者，无他故异物焉，曰：唯能以尚同为政者也。

——《墨子·尚同中》

简释：帮助圣王看事听事的人多了，那么他知道的范围就会广远；帮助他推行主张的人多了，那么他的德政就能安抚到广大的地方去；帮助他思考虑事的人多了，那么他谋划权衡事情就及时正确；帮助他行动的人多了，那么他兴举事业就成功得快。所以从前的圣明之人能够完成大事业，名垂后世，没有其他原因和别的绝招，就是说，只不过是能够推崇上下同心同德去治理政务罢了。

上之为政，得下之情则治，不得下之情则乱。何以知其然也？上之为政得下之情，则是明于民之善非也。若苟明于民之善非也，则得善人而赏之，得暴人而罚之也。善人赏而暴人罚，则国必治。

——《墨子·尚同下》

简释：在上边治理政务，了解掌握了下情就治理得好，不了解掌握下情就会出混乱。怎么知道是这样呢？在上边治理政务如果了解掌握了下情，那么就会清楚人们之中的对和错。如果清楚掌握了人们中的对与错，那么就能够对好人实行奖赏，对坏人实行惩罚。好人受奖赏坏人受惩罚，那么国家一定能治理好。

凡使民尚同者，爱民不疾，民无可使。曰：必疾爱而使之，致信而持之。富贵以道其前，明罚以率其后。为政若此，唯欲毋与我同，将不可得也。

——《墨子·尚同下》

简释：凡是希望人民与上边同心同德的，如果他爱民之心不急迫，人民也不能听他指使。就是说：对人民必须爱之迫切，人民才会听从他指使；对人民必须表示信任，然后才能拥有人民。事前用立功可致富贵加以引导，又表明犯罪将受惩罚加以告诫。这样去治理政务，即使想要人民不与他一致，也是不可能的。

尚同为政之本而治之要也。

——《墨子·尚同下》

简释：下与上同心同德，这是政治的根本，治理的要领。

乃若夫少食恶衣杀身而为名，此天下百姓之所皆难也。若苟君说之，则众能为之。况兼相爱、交相利，与此异矣。夫爱人者人亦从而爱之，利人者人亦从而利之；恶人者人亦从而恶之，害人者人亦从而害之。此何难之有焉？特上不以为政，而士不以为行故也。

——《墨子·兼爱中》

简释：那种为了名声而吃得少、穿得差、牺牲自己的事，这是天下的老百姓都觉得为难的。如果君王崇尚喜欢这种事，那么大家都能够去做。何况相亲相爱、互相帮助这件事，与那种事是根本不同的啊。爱别人的人别人也会爱他，帮助别人的人别人也会帮助他；厌恶别人的人别人也会厌恶他,伤害别人的人别人也会伤害他。这有什么困难的呢? 只不过是上边不用此去治理国家,而官吏们也不去推崇实行罢了。

今天下之君子,忠实欲天下之富,而恶其贪;欲天下之治,而恶其乱,当兼相爱、交相利,此圣王之法,天下之治道也,不可不务为也。

——《墨子·兼爱中》

简释:现在天下的君子,恳切地希望天下人同富,而厌恶贪私;希望天下得到治理,而厌恶动乱,这就应当提倡相亲相爱、互相帮助,这是圣明君主的方法,是治理天下的正道,不可不努力去实行。

今若夫兼相爱、交相利,此其有利且易为也,不可胜计也。我以为则无有上说之者而已矣,苟有上说之者,劝之以赏誉,威之以刑罚,我以为人之于就兼相爱、交相利也,譬之犹火之就上,水之就下也,不可防止于天下。

——《墨子·兼爱下》

简释:现在提倡相亲相爱、互相帮助,这是有益而且容易做到的事,它的事例不可胜数。我认为就是上边没有崇尚喜欢这件事的罢了。如果上边崇尚推行它,用奖赏荣誉勉励人们去实行,用刑罚之威辅助去实行,我认为人们去实行相亲相爱、互相帮助,就会像火向上燃烧、水向下流淌一样顺畅,其势不可阻挡。

国家去其无用之费,足以倍倍。圣王为政,其发令兴事,使民用财也,无不加用而为者。是故用财不费,民德不劳,其兴利多矣。

——《墨子·节用上》

简释:国家取消那些没有功用的耗费,完全可以增加一倍的资财。圣王治理国家,他发布政令兴办事业,使用人民和财物,没有不是努力增加效益和实用而去做的。所以,使用财物不浪费,人民得益而不疲劳,这种做法带来的利益太多了。

诸加费不加于民利者,圣弗为。

——《墨子·节用中》

简释:各种要增加费用却不能给人民带来利益的事情,圣王是不干的。

厚作敛于百姓,暴夺民衣食之财,以为宫室台榭曲直之望,青黄刻镂之饰。为宫室若此,故左右皆法象之。是以其财不足以待凶饥,振孤寡,故国贫而民难治也。

——《墨子·节用下》

简释:向百姓征收重税,过分地侵夺人民的财物,用来修建宫室台榭等壮观多姿的景观,再加上彩色和雕刻的装饰。这样修建宫室,就会使身边左右的人都仿效起来。因此,国家的资财不够备凶年饥岁、救济孤寡无助之民,这样就要导致国家贫虚,人民难以治理。

俭节则昌,淫佚则亡。

——《墨子·节用下》

简释:勤俭节约资财就会兴旺昌盛,沉溺于逸乐的无度耗费中就要败落。

仁者之为天下度也,非为其目之所美,耳之所乐,口之所甘,身体之所安。以此亏夺民衣食之财,仁者弗为也。

——《墨子·非乐上》

简释:仁德的人为天下事着想,就不会只是为了个人眼睛看到美色,耳朵听到娱乐,嘴巴得到美味,身体得到安逸。因为这些而减少、侵占人民的衣食利益,仁德的人是不去做的。

世之君子,使之为一犬一彘之宰,不能则辞之;使为一国之相,不能而为之,岂不悖哉!

——《墨子·贵义》

简释:世上的"君子",让他当杀一狗一猪的屠夫,干不了就会辞退;可是让他当一国的宰相,干不了却仍然干,这不是悖理吗!

政者,口言之,身必行之。公子口言之而身不行,是子之身乱也。子不能治子之身,恶能治国政?子姑亡子之身乱之矣!

——《墨子·公孟》

简释:当官的人,嘴里讲的,行动一定要实行它。现在你光嘴说而不行动,这是自相矛盾。连自己都治理不了,怎么能去治理好国家政务?还是防备自身的矛盾吧!

鲁阳文君谓子墨子曰:"有语我以忠臣者:令之俯则俯,令之仰则仰;处则静,呼则应,可谓忠臣乎?"子墨子曰:"令之俯则俯,令之仰则仰,是似景也;处则静,呼则应,是似响也,君将何得于景与响哉?"

——《墨子·鲁问》

简释:鲁阳文君对墨子说:"有人把'忠臣'的样子告诉我:让他俯身就俯身,让他仰面就仰面;居处时就静默,一招呼就答应,这样的人可算是忠臣吗?"墨子说:"让他俯身就俯身,让他仰面就仰面,这好像是影子啊;居处时没有动静,一招呼就答应,这好像是回音啊,你能从像影子和回音那样的臣子那里得到什么呢?"

于不可已而已者,无所不已。于所厚者薄,无所不薄也。

——《孟子·尽心上》

简释:对于不当废弃的人却废弃了,那就没有什么人不可以废弃了;对于应当厚待的人却薄待了,那就没有什么人不可以薄待了。

大匠不为拙工改废绳墨,羿不为拙射变其彀率。君子引而不发,跃如也。

——《孟子·尽心上》

简释:高明的木匠不会因为笨拙的徒工而改变或是抛弃操作时必不

可少的墨线;善射箭的羿也不会因为学射人的笨拙而改变要求弯弓时所应达到的限度。君子教人,正像教射箭一样,搭上箭拉满弓,并不一定把箭射出去,只是示范性地做出跃跃欲试的姿势。

身不行道,不行于妻子;使人不以道,不能行于妻子。

——《孟子·尽心下》

简释:一个从政的人如果自己行事都不遵正道,那么正道即使在他妻子身上也行不通;如果他不按正道去领导人,那么就连他妻子也会支使不动。

贤者以其昭昭,使人昭昭,今以其昏昏使人昭昭。

——《孟子·尽心下》

简释:贤明的人教人,凭着自己的透彻明达,帮助别人也透彻明达;现在有些教人的人,就凭自己糊里糊涂的头脑,却要使别人透彻明达。

不信仁贤则国空虚。

——《孟子·尽心下》

简释:不信任有仁德有才干的人,国家便会显得空虚无人。

爱人不亲,反其仁;治人不治,反其智;礼人不答,反其敬。行有不得者皆反求诸己,其身正而天下归之。

——《孟子·离娄上》

简释:自己爱别人,别人却不亲近自己,自己便应反躬自问:难道是我对别人的仁爱还不够? 领导别人,别人却不服从领导,自己便应反躬自责;难道是我的领导方法不对? 自己对别人很有礼貌,别人却不加理睬,自己便应反躬自问:难道是我还有敬谦不到的地方么? 凡是自己的行为没有得到预期效果的都要反过来从自己身上找原因,只要自己做对了,天下的人自然会归心于自己。

唯仁者宜在高位;不仁而在高位,是播其恶于众也。

——《孟子·离娄上》

简释:只有仁德的人才应该处在较高的地位上;不仁德的人却处在高位上,那就等于把他的劣迹散播到群众中去。

得其心有道:所欲与之聚之,所恶勿施。

——《孟子·离娄上》

简释:得到民心有它的道路:他们所需要的,便帮助他们收聚起来;他们所讨厌的,便不要强加给他们。

为渊驱鱼者,獭也;为丛驱雀者,鹯也;为汤武驱民者,桀与纣也。

——《孟子·离娄上》

简释:为深渊赶来游鱼的,是水獭;替树林赶来飞鸟的,是鹯鹰;替商汤王和周武王赶来老百姓的是夏桀和商纣王。

唯仁者为能以大事小。

唯智者为能以小事大。

——《孟子·梁惠王下》

简释:只有以仁德为怀者才能做到以强大者的身份去奉事弱小者;只有明达智慧者才能做到以弱小者的身份去奉事强大者。

乐民之乐者,民亦乐其乐;忧民之忧者,民亦忧其忧。乐以天下,忧以天下,然而不王者,未之有也。

——《孟子·梁惠王下》

简释:以人民的快乐为自己快乐的人,人民也会以他的快乐为他们的快乐;以人民的忧愁为自己的忧愁的人,人民也会以他的忧愁为他们的忧愁。乐与天下人同乐,忧与天下人同忧,这样还不能使天下归心的事,是不会有的。

天时不如地利,地利不如人和。

——《孟子·公孙丑下》

简释:有利于作战的气候、时令不如有利的地形重要,有利的地形不如人心所向、上下团结重要。

墨子

天下之人皆相爱，
强不执弱，
众不劫寡，
富不侮贫，
贵不敖贱，
诈不欺愚。

得道者多助，失道者寡助。寡助之至，亲戚畔之；多助之至，天下顺之。

——《孟子·公孙丑下》

简释：得到正义的人帮助他的人便多，失掉正义的人帮助他的人就少。少助到了极点时，连自己的内亲外戚也要背叛他；多助到了极点时，整个天下的人都愿意服从他。

古之君子，其过也，如日月之食，民皆见之；及其更也，民皆仰之。今之君子，岂徒顺之，又从为之辞。

——《孟子·公孙丑下》

简释：古时的君子，他们犯错误，像天上发生的日食月食一样，人们都可以看到，当他们改正错误时，人们都景仰他。现在的君子，不但将错就错，而且还要到处找借口、编谎话来为自己的错误作辩护。

上有好者,下必有甚焉者矣。

——《孟子·滕文公上》

简释:在上位的人有什么爱好,下面的人便一定会对这个爱好推行得更厉害。

为政者,每人而悦之,日亦不足矣。

——《孟子·离娄下》

简释:当领导的人,要是希图讨得所有人的欢心,那时间也是不够用的呢。

君之视臣如手足,则臣视君如腹心;君之视臣如犬马,则臣视君如国人;君之视臣如土芥,则臣视君如寇仇。

——《孟子·离娄下》

简释:君主把臣下看得如同自己的手足,臣下就会把君主看得如同自己的腹心;君主把臣下看得如同狗马,臣下就会把君主看成一般的陌生人;君主要是把臣下看得如同土块草芥一样不值钱,臣下就会把君主看得如同仇敌。

士止于千里之外,则谗谄面谀之人至矣。与谗谄面谀之人居,国欲治,可得乎?

——《孟子·告子下》

简释:正直之士被拒之于千里之外,那些爱打小报告、说话好奉承的小人随后就到了。跟那些爱打小报告、说奉承话的小人混在一起,要想把国家治理好,能做到么?

禹之治水,水之道也;是故禹以四海为壑。

——《孟子·告子下》

简释:大禹的治理洪水,是循着水原来所走的道路加以疏导的;所以大禹是把四海作为消纳洪水的地方。

权,然后知轻重;度,然后知长短。物皆然,心为甚。

——《孟子·梁惠王上》

简释:称量一下,然后才知道轻重;量一量,然后才知道长短。凡是物体,没有不是这样的,心的长短轻重就比物体更难掌握,尤其需要衡量。

推恩足以保四海,不推恩无以保妻子。

——《孟子·梁惠王上》

简释:推广恩泽,爱护人民就能保有天下,否则,连自己的老婆孩子也保护不了。

老吾老以及人之老,幼吾幼以及人之幼,天下可运于掌。

——《孟子·梁惠王上》

简释:尊奉自己的老人,推广开去也尊奉人家的老人;爱抚自己的孩子,推广开去也爱抚人家的孩子,那么,治理天下就可以像把一件小东西放在手掌上转动那么容易了。

大人者,言不必信,行不必果,唯义所在。

——《孟子·离娄下》

简释:一个地位高的领导者,讲的话不一定句句守信,做的事不一定件件果决彻底,只看怎样说怎样做更为应该。

大人者,不失其赤子之心者也。

——《孟子·离娄下》

简释:一个地位高的领导者,应该是能保持婴儿那种天真纯朴的心的人。

仁言不如仁声之入人深也,善政不如善教之得民也。善政,民畏之;善教,民爱之。善政得民财,善教得民心。

——《孟子·尽心上》

简释:仁厚的言辞不如仁德的声望之深入人心,良好的政治不如良好的教育之深得人心。良好的政治,人民畏惧它;良好的教育,人民喜爱它。良好的政治得到的是人民财资，良好的教育得到的却是人民的心。

圣人治天下，使有菽粟如水火。菽粟如水火，而民焉有不仁者乎？

——《孟子·尽心上》

简释：圣人治理天下，就要使人民家中的粮食像水火那样容易取得。粮食像水火那样容易取得了，人民哪里还能不仁义呢？

知者无不知也，当务之为急；仁者无不爱也，急亲贤之为务。

——《孟子·尽心上》

简释：智者应该无所不知，但是必须急于处理好当前第一位的工作；仁者应该无所不爱，但是必须把亲近贤才当作急务。

正而后行，确乎能及事者而已矣。

——《庄子·应帝王》

简释：先正自己而后感化他人，任人各尽所能就是了。

明王之治，功盖天下而似不自己，化贷万物而民弗恃；有莫举名，使物自喜；立乎不测，而游于无有者也。

——《庄子·应帝王》

简释：明王治理政事，功绩广被天下却像与自己不相干，教化施及万物而人民却不觉得有所依恃；他虽有功德却不能用名称概括，他使万物各得其所；他自己立于不可测识的地位，而行所无事。

无为事任，无为知主。

——《庄子·应帝王》

简释：不做强行专断的事情，并弃绝单凭智巧的作为。

上诚好知而无道，则天下大乱矣。

——《庄子·胠箧》

简释：在上位的喜好运用巧诈而无道，天下就会大乱。

女慎无撄人心。人心排下而进上，上下囚杀，淖约柔乎刚强。廉刿雕琢，其热焦火，其寒凝冰。其疾俯仰之间而再抚四海之外，其居也渊而静,其动也悬而天。愤骄而不可系者,其唯人心乎!

——《庄子·在宥》

简释:你要小心不要扰乱了人心。人心,压抑它就消沉,推进它就高举,心志的消沉和高举之间犹如被拘囚、伤杀,柔美的心志表现可以柔化刚强。一个人饱受折磨时,心境便急躁如烈火,忧恐如寒冰。变化的迅速,顷刻之间像往来于四海之外,人心安稳时深沉而寂静,跃动时悬腾而高飞。强傲而不可羁制的,就是人心啊!

水静则明烛须眉,平中准,大匠取法焉。

——《庄子·天道》

简释:水面平静便能明澈照见须眉,水平面合于规准,可以成为大匠取法的楷模。

夫函车之兽,介而离山,则不免于网罟之患;吞舟之鱼,砀而失水,则蝼蚁能苦之。

——《庄子·庚桑楚》

简释:含车的巨兽,独自离开山林,就不免于罗网的祸患;吞舟的大鱼流出江河而没有了水,就会被蝼蚁所困苦。

不能容人者无亲,无亲者尽人。

——《庄子·庚桑楚》

简释:不能容人的人就没有亲近他的,无亲近者就是弃绝于人。

古之君人者,以得为在民,以失为在己;以正为在民,以枉为在己;故一形有失其形者,退而自责。今则不然。匿为物而过不识,大为难而罪不敢,重为任而罚不胜,远其途而诛不至。

——《庄子·则阳》

简释:古时候的人君,把有所得归功于人民,把有所失归咎于自己;以为正道在于人民,以为过错在于自己,所以有一个人丧失了生命,就退而自责。现在却不是这样。隐匿真相而责备百姓不知道,制造困难却归罪人民不敢做,加重事务却惩罚人不胜任,延长途程却加诛人不能达到。

丘山积卑而为高,江河合小而为大,大人合并而为公。

——《庄子·则阳》

简释:小山丘积聚起来成为高山,众多小河水流汇聚而成为大河,伟大的人是采纳各方之精萃才博得公众之望的。

知有所困,神有所不及也。虽有至知,万人谋之。

——《庄子·外物》

简释:机智也有穷困的时候,神机妙算也有达不到的地方。纵使有最高的智慧,也需要大众的智谋。

昔者禹之湮洪水,次江河而通四夷九州也,名川三百,支川三千,小者无数。

——《庄子·天下》

简释:从前禹治理堵塞的洪水,疏导江河而沟通四夷九州,大川三百,支流三千,小溪无数。

致贤而能以救不肖,致强而能以宽弱,战必能殆之而羞与之斗,委然成文以示之天下。

——《荀子·仲尼》

简释:最贤能的人能够挽救不成器之人,最强大的人能够宽容弱小者。攻战时必定胜过敌方但是羞于以力服人,以高远文明的风貌示贤于天下人。

贵而不为夸,信而不处谦,任重而不敢专;财利至则善而不及也,必将尽辞让之义然后受。福事至则和而理,祸事至则静而理;富则施广,贫则用节;可贵可贱也,可富可贫也,可杀而不可使为奸也。是持宠处位终身不厌之术也。

——《荀子·仲尼》

简释:地位尊贵而不胡作非为,得信任于上级而不使人疑怨他作威作福,权力大而不独断专行;要得到财利时感到自己做得不好而不应得此财利,一定在真情实意地尽了谦让努力后才接受。遇到好事时谦和而又理智,遇见祸事时冷静而清醒;富有时不吝啬,贫困时守操节;既能慎于尊贵又能安于居下,既能慎于富有又能安于居贫,可以杀死他但是无法使他变节为奸邪之徒。这些就是受到上级重用喜欢的人永远不遭贬嫌的方法。

知者之举事也,满则虑嗛,平则虑险,安则虑危,曲重其豫,犹恐及其祸,是以百举而不陷也。

——《荀子·仲尼》

简释:明智的人干事业,成绩很大时就要考虑不足时而加以预防;平庸时就要考虑可能的危险;安全时就要考虑可能的危害;曲折太多就要加以戒备,警惕可能的祸患。能够这样就会干一百项事业也不会陷于失败。

处重擅权,则好专事而妒贤能,抑有功而挤有罪,志骄盈而轻旧怨;以希啬而不行施,道乎上为重,招权于下以妨害人;虽欲无危得乎哉!

——《荀子·仲尼》

简释:处于重要地位而独揽大权,就会喜欢霸道而妒嫉贤才能人,压抑有功劳的欺压犯错误的,思想骄傲自满就会忽视隐藏的怨恨,以为不能奈何自己;用事小气狭窄不团结人,言行借上级之势突出自己,到处插手揽权干扰坑害别人;这样的人虽然他想平安无险能办得到么!

谲德而定次,量能而授官,使贤不肖皆得其位,能不能皆得其官,万物得其宜,事变得其应。

——《荀子·儒效》

简释:领导者要根据德才决定下属的位次,衡量他们的能力大小而给予职务,要使贤才与不成器者都各得其所,使能力强与能力弱的都有工作做,一切事都安排得恰当,事情变化能及时采取措施。

威严猛厉而不好假道人,则下畏恐而不亲,周闭而不竭,若是,则大事殆乎弛,小事殆乎遂。

——《荀子·王制》

简释:威严凶暴而不善于以宽和态度去诱导人,下面的人就会胆怯而不敢接近,周围的人隐瞒下情而不能尽情相告,这样一来,就会大事办不成,小事也办不了。

马骇舆,则君子不安舆;庶人骇政,则君子不安位。

——《荀子·王制》

简释:马惊车,君子就不能安坐在车上;老百姓对政令不满,那么君子就不能安于自己的统治地位。

君者,舟也;庶人者,水也。水则载舟,水则覆舟。

——《荀子·王制》

简释:统治者好比船,人民好比水。水能载船,也能翻船。

君人者,欲安,则莫若平政爱民矣;欲荣,则莫若隆礼敬士矣;欲立功名,则莫若尚贤使能矣;是君人者之大节也。三节者当,则其余莫不当矣。三节者不当,则其余虽曲当,犹将无益也。

——《荀子·王制》

简释:统治者要想安定,最好的办法是公平地处理政事爱护人民;要想获得荣誉,最好的办法是崇尚礼义和尊敬有知识的人;要想建立功名,最好的办法是推崇和使用贤能的人。这是统治者从政最主要环节。这三个环节处理得当,其余的事情就不会失当了。这三个环节处理不得当,其余的事情即使全都处理得当,也是没有什么好处的。

饰动以礼义,听断以类,明振毫末,举措应变而不穷,夫是之谓有原。

——《荀子·王制》

简释:用礼义来约束自己的行动,处理和裁断政事都以法为准则,明察秋毫,兴废措施能随机应变而不窘迫,这就是处理政事的根本。

无德不贵,无能不官,无功不赏,无罪不罚。朝无幸位,民无幸生。尚贤使能,而等位不遗;析愿禁悍,而刑罚不过。

——《荀子·王制》

简释:没有道德的人不能受尊敬,没有才能的人不能当官,没有功劳的人不能受奖赏,没有犯罪的人不能受惩罚。朝廷里没有靠侥幸取得官职的,人民没有靠投机取巧谋生的。尊重有道德的人,使用有才能的人,按他们的德才给予一定等级职位而一个也不遗漏;区别出老实的人,禁阻凶悍的人,而刑罚没有过失。

泽人足乎木,山人足乎鱼,农夫不断削不陶冶而足械用,工贾不耕田而足菽粟。故虎豹为猛矣,然君子剥而用之。故天之所覆,地之所载,莫不尽其美致其用,上以饰贤良下以养百姓而安乐之。夫是之谓大神。

——《荀子·王制》

简释:住在水边的人可以得到充足的木材;住在山里的人可以吃到足够的鱼;种田人不做木工活、不烧制和冶炼也能有足够的器械用;工匠和商人不耕田也能有足够的粮食吃。虎豹算是很凶狠的了,但是人们却能剥它的皮来使用。所以,天所覆盖,地所承载的一切,无不尽显其美,发挥其用途,上可以供高贵人享用,下可以养育百姓而使之安居乐业。因这个原因人们称之为"大神"。

权谋倾覆之人退,则贤良知圣之士案自进矣。

——《荀子·王制》

简释:把搞阴谋颠覆活动的人驱退了,贤良出众的人自然就会进来了。

立身则轻楛,事行则蠲疑,进退贵贱则举佞悦,之所以接下之人百姓者则好取侵夺,如是者危殆。

——《荀子·王制》

简释:为人轻率恶劣,行事多疑,在用人上选用的都是些能说会道的小人,对待下面的人只喜欢巧取豪夺,这样行事者是危险的。

立身则憍暴,事行则倾覆,进退贵贱则举幽险诈故,之所以接下之人百姓者,则好用其死力矣而慢其功劳,好用其籍敛矣而忘其本务,如是者灭亡。

——《荀子·王制》

简释:为人骄横残暴,行事反复无常,在用人上选用的都是些阴险狡诈的人,对待下面的人只知要他们为自己卖命而无视他们的功劳,只知向他们横征暴敛而不管他们如何搞好农业生产,这样行事者就要灭亡了。

仁人在上,百姓贵之如帝,亲之如父母,为之出死断亡而愉者,无它故焉,其所是焉诚美,其所得焉诚大,其所利焉诚多也。

——《荀子·富国》

简释:仁德的人作为统治者,百姓们敬重他像天帝,亲近他像父母,为了他乐于出生入死,没有别的原因,就是因为他所赞成的确实美好,他所取得的成就确实伟大,他为百姓谋得的福利确实多。

不教而诛,则刑繁而邪不胜;教而不诛,则奸民不惩;诛而不赏,则勤励之民不劝。

——《荀子·富国》

简释:不进行教育就实施诛罚,就会虽然刑律多而邪恶仍然不断;只进行教育而不诛罚邪恶,奸邪的人就得不到打击警诫;只讲诛罚不讲奖赏,勤恳的人就得不到鼓励。

聪明君子者,善服人者也。人服而势从之,人不服而势去之。

——《荀子·王霸》

简释:聪明的君子,是善于让人心服的人。人心归顺,权势就可以得到;人心不服,权势就会丢掉。

明主好要,而暗主好详。主好要则百事详,主好详则百事荒。

——《荀子·王霸》

简释:明智的统治者善于抓纲要,而昏庸的统治者却喜欢抓琐碎的事。善于抓纲要,什么事情都会办得好;只抓琐碎的事,什么事情都要荒废掉。

故君子之于礼,敬而安之;其于事也,径而不失;其于人也,寡怨宽裕而无阿;其所为身也,谨修饰而不危;其应变故也,齐给便捷而不惑;其于天地万物也,不务说其所以然而致善用其材;其于百官之事技艺之人也,不与之争能而致善用其功;其待上也,忠顺而不懈;其使下也,均遍而不偏;其交游也,缘类而有义;有居乡里也,容而不乱。

——《荀子·君道》

简释:君子对于礼义,遵循而不违越;他对于事情,循理而不冒失;他对于人,宽容少怨而不盛气凌人;他对于自己的品行,慎于检点而不居高自傲;他对于事情的变化,处理果断而不迷惑;他对于一切事物,不苛求挑剔而是善于发挥其作用,他对于下属的工作和有技艺的人,不与他们争强比高而是善于发挥他们的能力特长;他对待上级,忠诚和顺而不懈怠;他对于下级,公平而不偏信;他对于人际交往,选择朋友注重道义相聚;他在家乡邻里,宽容而不倨傲胡来。

公道达而私门塞矣,公义明而私事患矣。如是,则德厚者进而佞说者止,贪利者退而廉节者起。

——《荀子·君道》

简释:敞开为公的大门,就能堵塞徇私的后门;主持大义就能够禁止营私的行为。这样做了,那么道德高尚的人就能进用而贪佞巧舌者则被禁止,贪图私利的人就会畏缩而廉洁有气节的人就会振奋起来。

明主好同而闇主好独。明主尚贤使能而飨其盛,闇主妒贤畏能而灭其功,罚其忠,赏其贼,夫是之谓至闇,桀纣所以灭也。

——《荀子·臣道》

简释:明智的统治者善于听取意见,而昏昧的统治者爱好专断;明智的统治者推崇贤才任用能人而享受他们的功业,昏昧的统治者嫉妒贤才害怕能人而诋毁他们的功劳,惩罚忠诚,奖励邪恶,这是最昏昧的做法,夏桀和殷纣王因此而灭亡了。

人贤而不敬,则是禽兽也。

——《荀子·臣道》

简释:别人贤能而我不敬重他,那就是行同禽兽一样了。

川渊深而鱼鳖归之,山林茂而禽兽归之,刑政平而百姓归之,礼义备而君子归之。

——《荀子·致士》

简释:水深广了,鱼鳖就会寄身于其中;山林峻茂了,鸟兽就会栖身于其间;刑法政令公平,人民就会衷心拥赞;以礼义待人,贤能之人就会归心于你。

无土则人不安居,无人则土不守,无道法则人不至,无君子则道不举。故土之与人也,道之与法也者,国家之本作也;君子也者,道法之总要也;不可少顷旷也,得之则治,失之则乱;得之则安,失之则危;得之则存,失之则亡。故有良法而乱者有之矣,有君子而乱者,自古及今,未尝闻也。传曰:"治生乎君子,乱生乎小人。"此之谓也。

——《荀子·致士》

简释:没有土地人就不能安居乐业,没有人就保卫不了土地,没有道义法规人就不会归附,没有君子那样的贤人就不能振兴道义。所以土地和人,道义和法规,是国家的根本;而任用贤人,又是道义和法规中最首要的;一会儿也不能没有贤人,得到他就能大治,失去他就会混乱;得到他就能平安,失去他就会危殆;得到他就能生存,失去他就会灭亡。所以有好的法规而出现祸乱的事倒有过,任用贤能的人而导致祸乱的事,从古到今,还没有听说过呢。

人主之患,不在乎不言用贤,而在乎不诚必用贤。夫言用贤者,口也;却贤者,行也;口行相反,而欲贤者之至,不肖者之退也,不亦难乎!夫耀蝉者务在明其火振其树而已,火不明,虽振其树,无益也。今人主有能明其德者,则天下归之若蝉之归明火也。

——《荀子·致士》

简释:统治者的灾祸,不在于不讲用贤人,而在于不真心坚决用贤人。只说用贤人,这是口头上的;不接受贤人,这是行为上的;口头与行为相背离,却希望贤人来到,小人退避,不是难办的事吗!那些捕蝉人的本领主要在于火光明亮和摇动树而已,火光不明亮,虽然摇动了树,也没有办法捕住蝉。如果统治者能够张明他的仁德,那么天下人归心于他,就会像蝉聚向明亮的火光一样。

赏不欲僭,刑不欲滥。赏僭则利及小人,刑滥则害及君子。

——《荀子·致士》

简释:奖励不要过分,刑罚不要过度。奖励过分就会对小人有利,刑罚过度就会伤及好人。

凡用兵攻战之本在乎一民:弓矢不调,则羿不能以中微;六马不和,则造父不能以致远;士民不亲附,则汤武不能以必胜也。故善附民者,是乃善用兵者也。故兵要在乎善附民而已。

——《荀子·议兵》

简释:凡是用兵打仗的根本在于统一民心;弓箭不校正,就是神射手羿也不能射中目标;六匹马不协调,就是善御的造父也不能到达目的地;兵士民众不热爱服从,就是商汤王周武王也不能一定胜利。所以善于归顺民心的人,才是善用兵的人。所以用兵打仗的关键在于使民心归顺。

　　无急胜而忘败,无威内而轻外,无见其利而不顾其害。

——《荀子·议兵》

　　简释:不要急于取胜而忽视导致失败的因素,不要对内严苛而疏忽了防范外部的威胁,不要看见有利可图而不考虑有害的一面。

　　虑必先事而申之以敬,慎终如始,终始如一,夫是之谓大吉。凡百事之成也必在敬之,其败也必在慢之,故敬胜怠则吉,怠胜敬则灭,计胜欲则从,欲胜计则凶。

——《荀子·议兵》

　　简释:考虑问题一定要告诫自己严肃慎重,重视结尾就像重视开始那样,结尾和开始一样对待,这样做就叫"大吉"。一切事情的成功必定在于严肃慎重,而失败就在于怠慢松懈。所以慎重战胜了怠慢就吉利,怠慢胜过了慎重就危殆,理智胜过了欲望就顺利,欲望胜过了理智就危险。

　　敬谋无圹,敬事无圹。敬吏无圹,敬众无圹,敬敌无圹。

——《荀子·议兵》

　　简释:一刻也不能中断慎重思谋,一刻也不能放弃对事情的慎重。一刻也不能忽视慎重任人,一刻也不能放松对人心的重视,一刻也不能停止对敌手的慎重研究。

　　夫义者,所以限禁人之为恶与奸者也。今上不贵义不敬义,如是,则下之人百姓皆有弃义之志而有趋奸之心矣,此奸人之所以起也。且上者下之师也,夫下之和上,譬之犹响之应声,影之像形也。故为人上者,不可不顺也。

——《荀子·强国》

　　简释:道义,是用来限制禁止人们为非作歹的。现在统治者不重视道义、不崇尚道义,那么下面的人们就会产生弃义作恶的念头,这就是奸邪之徒起来闹事的原因。况且在上的统治者是下面人们的表率,下面人响应上边统治者,就好像回音随着响声,影子追随身体一样。所以居于人上的统治者,可不能不慎重啊。

堂上不粪,则郊草不瞻旷芸;白刃扞乎胸,则目不见流矢;拔戟加乎首,则十指不辞断。非不以此为务也,疾养缓急之有相先者也。

——《荀子·强国》

简释:厅堂还未打扫,就顾不上去锄野外的杂草;雪亮的刀触到胸口,眼睛就顾不上去看飞来的冷箭;急速的戟刺到头上,就不惜断掉十指去遮挡。并不是说这些顾不到的事情不紧要,而是轻重缓急总得分个先后啊!

上者下之本也,上宣明则下治辨矣,上端诚则下愿悫矣,上公正则下易直矣。治辨则易一,愿悫则易使、易直则易知;易一则强,易使则功,易知则明;是治之所由生也。

——《荀子·正论》

简释:位居上位的统治者是下边人们的根本。上边发扬明智下面就会治理得好,上边正派诚信下面就会朴实忠厚,上边公平正确下面就会容易走正道;治理得好就容易归心,朴实忠厚就容易领导,易走正道就容易达理;容易归心就强大,容易领导就成功,容易达理就贤明;这些是治理成功的原由。

上周密则下疑玄矣,上幽险则下渐诈矣,上偏曲则下比周矣。疑玄则难一,渐诈则难使,比周则难知。难一则不强,难使则不功,难知则不明;是乱之所由作也。

——《荀子·正论》

简释:上边过于繁琐无章,就会使下面疑惑难循;上边昏暗阴险,就会使下面欺骗狡诈;上面偏激不正,就会使下面拉帮结党。疑惑就难于归心，欺诈就难于领导，结党就难于查知真情。难于归心就不会强大，难于领导就不会成功，难查真情就不会清明；这些是祸乱发生的根源。

主道利明不利幽，利宣不利周。故主道明则下安，主道幽则下危。故下安则贵上，下危则贱上。故上易知则下亲上矣，上难知则下畏上矣。下亲上则上安，下畏上则上危。故主道莫恶乎难知，莫危乎使下畏己。

——《荀子·正论》

简释：统治之道，是明通有利，而幽闭不利；畅达有利，而繁琐不利。所以统治者明白通达，下面就安心；幽闭难测，就使下面感到不安。下面安心就尊重上面，下面不安就会轻视上面。所以统治者平易明达，就使下面热爱他；难于理解，下面就会害怕他。下面热爱上面，上面就安稳；下面害怕上面，上面就危殆。所以统治之道没有比难于理解更坏的了，没有比让下面害怕自己更危险的了。

德不称位，能不称官，赏不当功，罚不当罪，不祥莫大焉。

——《荀子·正论》

简释：德行与官员的地位不相称，能力与官员的职务不相称，奖励和功劳不相符，惩罚和罪过不相符，没有比这个更不吉利的了。

刑当罪则威，不当罪则侮；爵当贤则贵，不当贤则贱。

——《荀子·君子》

简释：刑罚与罪责相符就会有威势，与罪责不符合人们就会轻慢；官位与贤能相称就会受敬重，与贤能不相称人们就会瞧不起。

论法圣王，则知所贵矣；以义制事，则知所利矣；论知所贵，则知所养矣；事知所利，则动知所出矣；二者，是非之本，得失之原也。

——《荀子·君子》

简释：探讨学习圣明的君主，就会知道什么最可贵；从正义出发去做事，就会知道怎么做最有利；探讨出什么最可贵，就知道自己应该采取什么办法;知道怎么做最有利,就知道从哪开始做了;这两方面,是对与错的根源,是成功与失败的根源。

尊圣者王,贵贤者霸,敬贤者存,慢贤者亡,古今一也。

——《荀子·君子》

简释:尊崇圣智者能当国王,敬重贤才者能成霸业,器重贤才的人能兴盛,骄慢贤才的人要失败,这个道理古今都一样。

人主无贤,如瞽无相,何伥伥。

——《荀子·成相》

简释:统治者没有贤德,就像瞎子失去扶持引路的人,还有什么可狂傲的呢。

外不避仇、内不阿亲,贤者予。

——《荀子·成相》

简释:君子对外,不因为是仇人而就抹煞人家的长处或夸大人家的短处,对内,不因为是亲近者就不敢赞扬他的长处或纵容他的短处,能够这样就会受到贤能人的拥护。

人之态,不如备,争宠嫉贤利恶忌,妒功毁贤,下敛党羽,上蔽匿。

——《荀子·成相》

简释:坏人有伪装,如果不知戒备,他就会猖狂地谄媚阿谀和妒嫉贤才,听任他妒嫉有功之人毁谤贤能之人,私下里结党营私,领导者就会受蒙蔽而不知真情。

好利多诈而危。

——《荀子·大略》

简释:贪图财利、爱用欺诈之术就会走上凶险之路。

推恩而不理,不成仁。

——《荀子·大略》

简释:实施恩惠不公平合理,就不是仁德。

义与利者,人之所两有也。虽尧舜不能去民之欲利,然而能使其欲利不克其好义也。

——《荀子·大略》

简释:道义和私利,这两者人人都有。即使是尧舜这样的圣人也不能去掉人们的私利,但是,却能够引导人们不因为私利而抛弃道义。

多积财而羞无有,重民任而诛不能,此邪行之所以起,刑罚之所以多也。

——《荀子·大略》

简释:财富积敛得越多越不满足,加重人民的负担却惩罚他们负担不起,这是邪恶行为之所以产生、刑罚之所以增多的根源。

是非疑则度之以远事,验之以近物,参之以平心;流言止焉,恶言死焉。

——《荀子·大略》

简释:是非不明时,要从其他方面,多加分析,从相关的事上察验,要保持头脑冷静,这样,没根据的传言就会消退,坏话也不起作用。

不知选贤人善士托其身焉以为己忧,动行不知所务,止立不知所定,日选择于物,不知所贵,从物如流,不知所归,五凿为正,心从而坏,如此则可谓庸人矣。(注:五凿谓眼、耳、鼻、舌、身。)

——《荀子·哀公》

简释:不知道选用贤人善才帮助自己,为自己分忧;行动不知要干什么,做事没有目标;经常接触事物,不知道什么重要;人云亦云,不知哪个正确;凭感觉用事,思想放任感觉用事。这样的人就是一个庸人。

贤能不待次而举。

——《荀子·王制》

简释:对有德才的人不能等他有了一定的资历之后才提拔(谓不要论资排辈之意)。

言赏则不与，言罚则不行，赏罚不信，故士民不死也。

——《韩非子·初见秦》

简释：口说奖励却不实施，口说惩罚却不执行，奖励和惩罚不信守诺言，所以下属和民众是不会豁出性命为他做事的。

以乱攻治者亡，以邪攻正者亡，以逆攻顺者亡。

——《韩非子·初见秦》

简释：用动乱侵犯太平要失败，用邪恶侵犯正直要失败，用倒退侵犯进步要失败。

战战栗栗，日慎一日。

——《韩非子·初见秦》

简释：领导别人的人要像恐惧灾祸那样慎重，而且要一天比一天更慎重。

明君无偷赏，无赦罚。赏偷则功臣堕其业，赦罚则奸臣易为非。是故诚有功则虽疏贱必赏，诚有过则虽近爱必诛。近爱必诛，则疏贱者不怠，而近爱者不骄也。

——《韩非子·主道》

简释：明智的君主不私自奖励人，不宽容有罪过的人。私自奖励就会使真正的功臣工作懈怠，宽容罪过就会使奸臣随便干坏事。所以，如果确实有功，那么即使是让你厌烦的人也一定要奖励；如果确实有罪过，那么即使是你喜爱的人也一定要严惩。严惩了你喜欢的人，那么你厌烦的人就**不敢懈怠**，而你喜欢的人也不敢骄横了。

若以誉进能，则臣离上而下比周；若以党举官，则民务交而不求用于法。故官之失能者其国乱。以誉为赏，以毁为罚也，则好赏恶罚之人，释公行、行私术、比周以相为也。

——《韩非子·有度》

简释：如果听凭人们的夸奖提拔人，那么臣下就会背离主上而去讨好下边的人们;如果听凭帮派势力的推选来提拔人,那么人们就会看重拉帮结伙而不指望合法唯贤的提拔。因此,公正的制度失去了作用国家就要混乱。听凭人们的夸奖去奖励人,听凭人们的反对去惩罚人,那些希望受奖不希望受罚的人,就会扔掉正当的工作,去玩弄阴私的手法,拉帮结伙互相利用。

忠臣危死而不以其罪,则良臣伏矣;奸邪之臣安利不以功,则奸臣进矣;此亡之本也。

——《韩非子·有度》

简释:如果忠臣被处死不是由于有罪,那么其他的良臣就会畏缩不前;如果奸臣平安获利不是由于有功,那么其他的奸臣就会纷纷前来;这是灭亡的根源啊。

明主使法择人,不自举也;使法量功,不自度也。能者不可弊,败者不可饰,誉者不能进,非者弗能退,则君臣之间明辨易治,故主惟法则可也。

——《韩非子·有度》

简释:明智的君主按制度提拔人,而不推行个人意志;按制度确定功劳,而不依据个人心愿。有才能的人不应该贬抑他,有过失的人不应该粉饰他,不应该人们说好的就提拔,人们说不好的就斥退。能这样做,上下之间就明辨是非并且易于治理。所以,做人主的按制度办事就可以了。

去好去恶,群臣见素。群臣见素,则大君不蔽矣。

——《韩非子·二柄》

简释:君主不随意表现自己的喜好和厌恶,群臣就能显露出真实面目。群臣显露出真实面目,君主就不会受蒙蔽了。

上失扶寸,下得寻常。

——《韩非子·扬权》

简释:上面度量时如果差了几寸,到了下边就会差出几丈(古制一"扶"等于四寸;一"寻"等于八尺,两寻等于一"常")。

坚中而廉外,少欲而多信。夫坚中则足以为表,廉外则可以大任,少欲则能临其众,多信则能亲邻国。

——《韩非子·十过》

简释:意志坚定而又行为清廉,私心少而又很讲诚信。意志坚定就能够做表率,行为清廉就能够担当重任,私心少就能够不负众望,讲诚信就能够受邻国欢迎。

能法之士,必强毅而劲直,不劲直不能矫奸。

——《韩非子·孤愤》

简释:执法的人,必须坚强果决刚劲正直,不刚劲正直就不能惩处奸邪行为。

简法禁而务谋虑,荒封内而恃交援者,可亡也。

——《韩非子·亡征》

简释:轻视制度禁令而追求谋略心计,荒废内部的治理而依赖结交求援来治理,这种领导者是要失败的。

官职可以重求,爵禄可以货得者,可亡也。

——《韩非子·亡征》

简释:官职可以依靠有权势的人求得,地位可以用钱财买到,这种领导者是要失败的。

缓心而无成,柔茹而寡断,好恶无决,而无所定立者,可亡也。

——《韩非子·亡征》

简释:思想迟钝不能及时形成恰当见解,性情懦弱而不果断,好坏是非不分,又不能决定取舍,这样的领导者是要失败的。

饕贪而无餍,近利而好得者,可亡也。

——《韩非子·亡征》

简释:贪心太重而不知满足,贪图眼前利益而又爱占便宜的领导者,是要失败的。

喜淫而不周于法,好辩说而不求其用,滥于文丽而不顾其功者,可亡也。

——《韩非子·亡征》

简释:喜好随意赏赐而不考虑是否合乎法度,喜好巧辩而不讲求实用,过分追求辞藻华丽而不考虑实际功效,这样的领导者是要失败的。

浅薄而易见,漏泄而无藏,不能周密,而通群臣之语者,可亡也。

——《韩非子·亡征》

简释:见识浅薄而又好轻易表现自己,思想表达毫无保留,不能严守秘密,喜欢在下面的臣属之间传话,这样的领导者是要失败的。

很刚而不和,愎谏而好胜,不顾社稷而轻为自信者,可亡也。

——《韩非子·亡征》

简释:凶狠蛮暴而不团结人,不听劝告而好胜心强,不顾国家大局利益而轻易信任自己,这样的领导者是要失败的。

境内之杰不事,而求封外之士,不以功伐课试,而好以名问举错,羁旅起贵以陵故常者,可亡也。

——《韩非子·亡征》

简释:不任用自己国家的人才而去国外寻求人才;不按照功绩能力去考核试用人才,而好以社会上虚假的声誉来提拔安置人才;重用外来人而让他们凌驾于内部原来的人之上,这样的领导者是要失败的。

怯慑而弱守,早见而心柔弱,知有谓可,断而弗敢行者,可亡也。

——《韩非子·亡征》

简释:胆小怕事而不敢坚持自己的主张,虽然早已发现祸端但还犹豫不决;认识到事情应这样做但又下不了决心,总是不敢去实行。这样的领导者是要失败的。

变褊而心急,轻疾而易动发,心悁忿而不誉前后者,可亡也。

——《韩非子·亡征》

简释:心胸狭窄而又急躁,性情轻浮而容易冲动行事,暴躁易怒而不考虑全面得失,这样的领导者是要失败的。

小知不可使谋事,小忠不可使主法。

——《韩非子·饰邪》

简释:好卖弄个人智谋的人不能让他谋划大事,只忠于个人的人不能让他掌管法制。

释规而任巧,释法而任智,惑乱之道也。

——《韩非子·饰邪》

简释:放弃规矩而卖弄技巧,放弃法制而玩弄聪明,这是造成迷惑引起混乱的做法。

天下有信数三:一曰智有所不能立,二曰力有所不能举,三曰强有所不能胜。故虽有尧之智,而无众人之助,大功不立。有乌获之劲,而不得人助,不能自举。有贲、育之强,而无法术,不得长生。

——《韩非子·饰邪》

简释:天下有这样三条可靠的道理:一是智慧虽高,有的事仍不能办成;二是力气虽大,有的东西仍不能举起;三是实力虽强,有的对手仍不能战胜。所以,即使有尧那样的智慧,如果没有大家的帮助,也干不成大事业;即使有大力士乌获那样的力气,如果没有人帮助,也不能把自己举起来;即使像孟贲、夏育那样强勇,如果没有策略,也不能经常取胜。

夫人主不塞隙穴,而劳力于赭垩,暴雨疾风必坏。不去眉睫之祸,而慕贲、育之死;不谨萧墙之患,而固金城于远境;不用近贤之谋,而外结万乘之交于千里。飘风一旦起,则贲、育不及救,而外交不及至,祸莫大于此。

——《韩非子·用人》

简释:身为人主,如果不首先堵塞缝隙洞穴,而却奔忙于装饰房屋外表,那么一旦遇到暴雨疾风必然房倒屋塌。不消除眼前的祸患,却称慕孟贲、夏育的不怕死;不警惕内部的隐患,却跑到别处去谋求巩固自己;不听从身边贤人的谋略,却跑到千里之外结交显赫的朋友。一旦有风吹草动,那么孟贲、夏育也来不及相救,千里之外的朋友也来不及赶来相援,没有比这更大的灾祸了。

　　夫慈者不忍,而惠者好与也。不忍则不诛有过,好与则不待有功而赏。有过不罪,无功受赏,虽亡不亦可乎?

——《韩非子·内储说上》

　　简释:仁慈的人心肠太软,仁厚的人喜欢给予。心肠太软就无法惩罚有过错的人,喜欢给予就做不到论功行赏。有罪过的不惩处,没有功劳却受到奖赏,即使因此而失败不是很自然的吗?

　　明主不怀爱而听,不留说而计。故听言不参则权分乎奸,智力不用则君穷乎臣。

——《韩非子·八经》

　　简释:明智的君主不因喜欢谁就对他偏听偏信,也不因一时高兴就做出决定。如果听到众人的言论不全面考虑,就会受到蒙蔽而纵容奸臣擅权;如果不充分运用自己辨察事物的能力,就会使自己在臣下面前处于被动地位。

　　事至而结智,一听而公会。听不一则后悖于前,后悖于前则愚智不分;不公会则犹豫而不断,不断则事留。

——《韩非子·八经》

　　简释:事情发生了要征求大家的意见,分别听审后再开会让大家明辨事理。不分别听审就会听了这个意见,否定那个意见;听了这个就否定那个,没有定见,就要愚智不分;不开会让大家辨明事理,就会犹犹豫豫下不了决心,下不了决心事情就要被耽误了。

夫良药苦于口,而智者欢而饮之,知其入而已己疾也。忠言拂于耳,而明主听之,知其可以致功也。

——《韩非子·外储说左上》

简释:良药吃着虽然口苦,但是明智的人会高兴地喝下它,因为他知道吃下药能治好自己的病。忠直的话听了虽然刺耳,但是英明的君主能虚心去听,因为他知道听从忠言能够导致事业的成功。

人际关系篇

孟子

老吾老，以及人之老；
幼吾幼，以及人之幼。

尊敬自己的父母和老人，同时也尊敬别人的父母和老人；
爱护自己的幼小儿女，同时也爱护别人的幼小儿女。

持而盈之，不如其已；

揣而锐之，不可长保。

金玉满堂，莫之能守；

富贵而骄，自遗其咎。

——《老子·九章》

简释:执持盈满,不如适时停止;显露锋芒,锐势难保长久。金玉满堂,无法守藏;富贵而骄,自酿祸患。

自见者不明,自是者不彰;自伐者无功,自矜者不长。

——《老子·二十四章》

简释:自逞己见的反难自明,自以为是的反难彰显;自己夸耀的反难见功,自高自大的反难长久。

故善人者,不善人之师;不善人者,善人之资。不贵其师,不爱其资,虽智大迷,是谓要妙。

——《老子·二十七章》

简释:善人可以作为不善之人的老师,不善之人可以作为善人的借镜。不尊重这个老师,不珍惜这个借镜,其实是个大迷糊。这可真是个精深的道理。

善者,吾善之;不善者,吾亦善之;德善。

信者,吾信之;不信者,吾亦信之;德信。

——《老子·四十九章》

简释:善良的人,我善待他;不善良的人,我也善待他;这样可使人人向善。

守信的人,我信任他;不守信的人,我也信任他;这样可使人人守信。

圣人方而不割,廉而不刿,直而不肆,光而不耀。

——《老子·五十八章》

简释:圣明的人方正而不损人,锐利而不伤人,直率而不放肆,光亮而不刺耀。

我有三宝,持而保之。一曰慈,二曰俭,三曰不敢为天下先。

——《老子·六十七章》

简释:我有三种宝贝,持守而保全着。第一种叫做慈爱,第二种叫做节俭,第三种叫做不敢居于天下人的前面。

夫慈,以战则胜,以守则固。天将救之,以慈卫之。

——《老子·六十七章》

简释:慈爱,用来征战就能胜利,用来守卫就能巩固。天要救助谁,就用慈爱来卫护他。

美行可以加人。

——《老子·六十二章》

简释:良好的行为能够见重于人。

战胜以丧礼处之。

——《老子·三十一章》

简释:对待胜利要用治丧的礼仪去处理。

有朋自远方来,不亦乐乎?

——《论语·学而》

简释:有好朋友从很远的地方来,不也很快乐吗?

君子周而不比,小人比而不周。

——《论语·为政》

简释:君子讲团结而不互相勾结,小人互相勾结而不讲团结。

古者言之不出,耻躬之不逮也。

——《论语·里仁》

简释:古时候的人不轻易把话说出口,因为他们以说出来却做不到为耻辱。

焉用佞?御人以口给,屡憎于人。

——《论语·公冶长》

简释:何必要巧言善辩呢?快嘴利舌地跟别人争辩,常常被人家憎恶。

巧言、令色、足恭,左丘明耻之,丘亦耻之。匿怨而友其人,左丘明耻之,丘亦耻之。

——《论语·公冶长》

简释:花言巧语,伪装和善,过分卑恭,左丘明认为可耻,我也认为可耻。内心隐藏着对人的怨恨而表面上又装出友好的样子,左丘明认为可耻,我也认为可耻。

三人行,必有我师焉。择其善者而从之,其不善者而改之。

——《论语·述而》

简释:三个人在一起走路,其中一定有人可以做我的老师。我选择他们的优点供我学习,把他们的缺点错误作为自己的警鉴而改掉。

与其进也,不与其退也,唯何甚! 人洁己以进,与其洁也,不保其往也。

——《论语·述而》

简释:我赞许人们进步,不赞许人们退步,何必做得太过分呢! 人家把身上的污点洗干净了要求进步,就应赞许他们的洁净,不应抓住他们过去的污点不放。

不得中行而与之,必也狂狷乎! 狂者进取,狷者有所不为也。

——《论语·子路》

简释:我要是找不到行为合于中庸的人而和他们交往,那就必定和激进、耿介的人交往了! 激进的人勇于进取,耿介的人不做坏事。

君子和而不同,小人同而不和。

——《论语·述而》

简释:君子讲协调而不盲目附和,小人盲目附和而不讲协调。

君子泰而不骄,小人骄而不泰。

——《论语·子路》

简释:君子心情安和而不傲慢,小人傲慢而不安和。

切切偲偲，怡怡如也，可谓士矣。朋友切切偲偲，兄弟怡怡。

——《论语·子路》

简释：互相肯切警勉，亲切和气，可以叫做士了。朋友之间要互相警勉，兄弟之间要亲切和气。

不逆诈，不亿不信，抑亦先觉者，是贤乎！

——《论语·宪问》

简释：不事先怀疑别人欺诈，不随意猜测别人不讲信用，却能及早觉察出来，这才是贤慧的人啊！

可与言而不与之言，失人；不可与言而与之言，失言。知者不失人，亦不失言。

——《论语·卫灵公》

简释：可以同他谈话的人而不同他谈，这是错过了人；不可以同他谈话的人而同他谈，这是说错了话。聪明的人不错过人，也不说错话。

工欲善其事，必先利其器。

——《论语·卫灵公》

简释：工匠要想做好他的工作，一定要先修好他的工具。

当仁，不让于师。

——《论语·卫灵公》

简释：面临实行仁德的事，可以不必对老师讲谦让。

道不同，不相为谋。

——《论语·卫灵公》

简释：主张不同，不互相商讨事情。

益者三友，损者三友。友直、友谅，友多闻，益矣。友便辟，友善柔，友便佞，损矣。

——《论语·季氏》

简释:有益的朋友有三种,有害的朋友有三种。同正直的人交朋友,同诚实的人交朋友,同见闻广博的人交朋友,这是有益的。同逢迎谄媚的人交朋友,同当面恭维背后毁谤的人交朋友,同惯于花言巧语的人交朋友,这是有害的。

益者三乐,损者三乐。乐节礼乐,乐道人之善,乐多贤友,益矣。乐骄乐,乐佚游,乐宴乐,损矣。

——《论语·季氏》

简释:有益的快乐有三种,有害的快乐有三种。以得到礼乐的调节熏陶为快乐,以宣扬别人的长处为快乐,以多交贤良的朋友为快乐,这是有益的。以骄慢高傲为快乐,以闲散游荡为快乐,以大吃滥喝为快乐,这是有害的。

侍于君子有三愆:言未及之而言谓之躁,言及之而不言谓之隐,未见颜色而言谓之瞽。

——《论语·季氏》

简释:侍奉君子容易犯三种毛病:人家还没有说到的时候,你却抢先说,叫做浮躁;人家已经说出来了你还不讲,这叫隐瞒;不看人家的情绪便莽撞开口,叫做瞎子。

不知礼,无以立也;不知言,无以知人也。

——《论语·尧曰》

简释:不懂礼节礼貌,就不能立身处世;不懂得分析别人的言论,就不能了解人。

论笃是与,君子者乎?色庄者乎?

——《论语·先进》

简释:应该赞扬说话诚实的人,但是也要仔细看清他是真正的君子呢,还是只是外表庄重的人呢?

忠告而善道之，不可则止，毋自辱焉。

——《论语·颜渊》

简释：忠心地劝告人，好好地引导他，但是他若不听从也就算了，不要自找侮辱。

爱之，能勿劳乎？忠焉，能勿诲乎？

——《论语·宪问》

简释：爱护一个人，能够不使他勤劳吗？忠于一个人，能够不启发开导他吗？

勿欺也，而犯之。

——《论语·宪问》

简释：不要隐瞒欺骗人，而应当面规劝他。

不在其位，不谋其政。

——《论语·宪问》

简释：不在别人的职位，就不要干涉别人的政事。

何以报德？以直报怨，以德报德。

——《论语·宪问》

简释：用什么来报答恩德呢？应该用正直来报答怨恨，用恩德来报答恩德。

吾见其居于位也，见其与先生并行也。非求益者也，欲速成者也。

——《论语·宪问》

简释：我看见那个人坐在成年人的位子上，和长辈并肩而行。他不是一个求上进的人，而是一个想急于求成的虚浮之人。

躬自厚而薄责于人，则远怨矣。

——《论语·卫灵公》

简释：多检讨自己而少责备他人，就可以避免怨恨了。

群居终日，言不及义，好行小慧，难矣哉！

——《论语·卫灵公》

简释：一伙人成天聚集在一块，说话论事背离正义，喜欢卖弄小聪明，这种人很难有什么造就啊！

爱之欲其生，恶之欲其死。既欲其生，又欲其死，是惑也。

——《论语·颜渊》

简释：喜欢一个人时希望他长生，恨这个人时又盼他快点死。又想让人活，又要让人死，这是丧失理智，是非混乱。

君子以人治人，改而止。

——《中庸·第十三章》

简释：君子用其人之道去教育治理其人，直到他改正为止。

据财不能以分人者，不足与友；守道不笃，遍物不博，辩是非不察者，不足与游。

——《墨子·修身》

简释：拥有财产而不能分助于人的人，不能够和他交朋友；遵守道义不专一，辨别事物不能从大处着眼，判断是非不能明察的人，不能和这种人相处。

非独国有染也，士亦有染。其友皆好仁义，淳谨畏令，则家日益，身日安，名日荣，处官得其理矣，则段干木、禽子、傅说之徒是也。其友皆好矜奋，创作比周，则家日损，身日危，名日辱，处官失其理矣，则子西、易牙、竖习之徒是也。诗曰："必择所堪。"必谨所堪者，此之谓也。

——《墨子·所染》

简释：不只是国家能受到感染，当官的人也会受到感染的。如果他的朋友都崇尚仁义，淳朴谨慎遵守法纪，那么他的家会日益兴旺，他自己会日益稳重，他的声名会日益荣显，居官治政会合于正道，像段干木、禽子、傅说这样的人都是以德善感染人的良友。如果他的朋友都喜欢骄傲夸耀、气焰逼人,爱兴风作浪、结党营私,那么他的家就会日益衰落,他自己就会日益不安全,他的名声就会日益败坏,居官治政就会不走正道,像子西、易牙、竖刁这类人都是以恶邪感染人的坏朋友。有一句诗说道:"染物必须选择染料水。"必须谨慎选择染料水,就是这个"国有染,士亦有染"的道理。

见淫辟不以告者,其罪亦犹淫辟者也。

——《墨子·尚同下》

简释:看见奸恶的事不报告的人,他的罪责也同奸恶的人一样大。

当察乱何自起? 起不相爱。

——《墨子·兼爱上》

简释:试察一下祸乱产生的原因,都产生在不相亲相爱上。

若使天下人兼相爱,爱人若爱其身,犹有不孝者乎? 视父兄与君若其身,恶施不孝? 犹有不慈者乎? 视弟子与臣若其身,恶施不慈? 故不孝不慈亡有。犹有盗贼乎? 故视人之室若其室,谁窃? 视人身若其身,谁贼? 故盗贼亡有。犹有大夫之相乱家,诸侯之相攻国者乎? 视人家若其家,谁乱? 视人国若其国,谁攻? 故大夫之相乱家,诸侯之相攻国者亡有。若使天下兼相爱,国与国不相攻,家与家不相乱,盗贼无有,君臣父子皆能孝慈,若此,则天下治。

——《墨子·兼爱中》

简释:如果使天下的人都相亲相爱,爱护别人如同爱护自己,还能有不孝的人吗? 对待父兄和君王像对待自己一样,怎么会做出不孝的事呢? 还能有不仁慈的人吗? 对待子弟和臣下像对待自己一样,怎么会做出不仁慈的事呢? 所以是不会有不孝不慈的人和事的。还能有偷窃和残害人的事吗? 如果对待别人的家像对待自己的家一样,谁还偷窃呢? 对待别人身体像对待自己身体一样,谁还残害于人呢? 所以是不会有盗贼之人的。还能有互相扰乱家庭,诸侯之间互相攻侵的事吗?对待别人的家像对待自己的家一样,谁还搞扰乱呢?对待别的国家像对待自己的国家一样,谁还搞侵略呢?所以是不会有互相乱家、互相侵略之事的。如果使天下的人都相亲相爱,国与国不相侵略,家与家不相扰乱,没有盗贼,君臣父子之间都能仁慈孝心,能达到这样,那么天下就大治了。

天下之人皆相爱,强不执弱,众不劫寡,富不侮贫,贵不傲贱,诈不欺愚。凡天下祸篡怨恨,可使毋起者,以相爱生也。

——《墨子·兼爱中》

简释:天下的人如果都相亲相爱,那么就会强大的不控制弱小的,人多的不强迫人少的,富贵的不骄侮贫穷的,高贵的不傲视低贱的,聪明的不欺骗愚笨的。凡是天下那些祸乱、篡夺、怨愤、仇恨,要使它们不再兴起,就要从相亲相爱做起。

不识天下之士,所以皆闻兼而非者,其故何也?

——《墨子·兼爱下》

简释:不理解天下的人们:听到视人如己,相亲相爱的话,都加以否定,这是什么缘故呢?

吾闻为高士于天下者,必为其友之身,若为其身;为其友之亲,若为其亲,然后可以为高士于天下。

——《墨子·兼爱下》

简释:我听说一个天下高尚的人,必定是把他朋友的身体,看得与自己身体一样,把他朋友的亲爱者,看得与自己的亲爱者一样,这样做了才能成为天下的崇高的人。

必吾先从事乎爱利人之亲,然后人报我以爱利吾亲也。

——《墨子·兼爱下》

简释:一定要让自己先做出爱护帮助别人亲爱者的事,然后别人才能回报我以爱护帮助我的亲爱者。

爱人者必见爱也，而恶人者必见恶也。

——《墨子·兼爱下》

简释：爱护别人的人必定被别人爱护，而恶伤人的人也必定被人恶伤。

不挟长，不挟贵，不挟兄弟而友。友也者，友其德也，不可以有挟也。

——《孟子·万章下》

简释：交朋友不能倚仗自己年岁大，不能倚仗自己官位高，也不能倚仗自己有钱有势的亲友。所谓交朋友，是以品德相交，决不能有什么依仗。

食而弗爱，豕交之也；爱而不敬，兽畜之也。恭敬者，币之未将者也。恭敬而无实，君子不可虚拘。

——《孟子·尽心上》

简释：对于贤才光奉养而不爱，那就跟把他当成猪一样接待差不多。光知爱而不知尊敬，那就等于把他当成兽类一样豢养着。恭敬之心，应该在钱财奉送之前就具备了的。徒有恭敬的形式而没有恭敬的实际，君子是不会被那种虚假的礼仪所束缚住的。

君子之所以教者五：有如时雨化之者，有成德者，有达才者，有答问者，有私淑艾者。

——《孟子·尽心上》

简释：君子用来教育人的方式有五种：有像及时雨那样化育万物的；有帮助人培养成优良品德的；有多方诱导发展特殊才干使之成才的；有答释学生提出的疑难问题的；有以自身的品德学识去影响那些没有登门受业的人，从而使他们通过自修获得成功的。

言近而指远者,善言也,守约而施博者,善道也。

——《孟子·尽心下》

简释:说的是身边的事而指的却是深远的道理,这可说是很好的语言;所秉持的很简要可是德泽影响却十分广博,这可说是很成功的方法。

说大人,则藐之,勿视其巍巍然。

——《孟子·尽心下》

简释:凡是去会见进言于大人物,就先要轻视他们,不要把他们的显赫名声看得高不可测。

以力服人者,非心服也,力不赡也;以德服人者,中心悦而诚服也。

——《孟子·公孙丑上》

简释:倚仗势力压服别人的,别人并不从心里服从他,而是出于力量不足的原因;凭借德行使别人归附自己的,别人是心悦诚服,完全出于自愿。

既不能令,又不受命,是绝物也。

——《孟子·离娄上》

简释:既没有能力命令别人,又不愿接受别人的命令,这是自绝于人。

自暴者,不可与有言也;自弃者,不可与有为也。言非礼义,谓之自暴也;吾身不能居仁由义,谓之自弃也。

——《孟子·离娄上》

简释:一个自暴的人,不能跟他谈正经话;一个自弃的人,不能跟他干成什么事。一个人说话诋毁礼让仁义,叫做"自暴";自认为不能怀德从义,叫做"自弃"。

至诚而不动者,未之有也;不诚,未有能动者也。

——《孟子·离娄上》

简释：一个人做到了至诚无伪却感动不了人们，是绝对没有的事；缺乏诚心的人是不能感动别人的。

存乎人者，莫良于眸子。眸子不能掩其恶。胸中正，则眸子瞭焉；胸中不正，则眸子眊焉。听其言也，观其眸子，人焉廋哉？

——《孟子·离娄上》

简释：观察人的方法，莫良于观察人的眼睛。眼睛不能掩盖人们内心的丑恶。一个人心中正气，眼睛就显得清明；心中不正气，眼睛看上去就不免昏荡。听一个人讲话，观察他的眼睛，这个人内心的好坏又怎么可以隐藏得了？

人之患，在好为人师。

——《孟子·离娄上》

简释：人们的毛病，在于遇事喜欢充当人家的老师。

言人之不善，当如后患何？

——《孟子·离娄下》

简释：专爱说别人的坏话，一旦因此而引起后患，应当怎么办呢？

以善服人者，未有能服人者也；以善养人，然后能服天下。

——《孟子·离娄下》

简释：拿自己的长处去比服别人，没有能够使人折服的；拿自己的长处去帮助别人的，然后才能让天下的人心服。

爱人者人恒爱人，敬人者人恒敬之。

——《孟子·离娄下》

简释：爱护别人的人，别人也总是爱护他；敬重别人的人，别人也总是敬重他。

逢君之恶其罪大。

——《孟子·告子下》

简释:曲意逢迎君主,导致他作恶,这个罪行最大。

诐辞知其所蔽,淫辞知其所陷,邪辞知其所离,遁辞知其所穷。

——《孟子·公孙丑上》

简释:听了不正当的话,便知道说话人的病根在于有所壅蔽;听了放荡的话,便知道他的病根在于有所沉溺;听了邪僻的话,便知道他的病根在于背离了正道;听了闪烁其辞的话,便知道他的病根在于理屈词穷。

尔为尔,我为我,虽袒裼裸裎于我侧,尔焉能浼我哉?

——《孟子·公孙丑上》

简释:你是你,我是我,哪怕你在我身旁赤身露体,无礼到了极点,你又怎么能玷污我呢?

责善,朋友之道也。

——《孟子·离娄下》

简释:劝责人从善,这才是真正的朋友相处的正道。

人之所贵者,非良贵也。

——《孟子·告子上》

简释:别人加给自己的尊贵称誉,并不是最值得尊贵的。

以其小者信其大者,奚可哉?

——《孟子·尽心上》

简释:仅仅因为一个人的一点好处就相信他的大节,这怎么能行呢?

仁者以其所爱及其所不爱,不仁者以其所不爱及其所爱。

——《孟子·尽心下》

简释:一个仁爱的人会把他施于所爱之人的恩泽,推广到他所不爱之人的身上。相反,一个薄情寡恩的人却会把对他不爱之人的荼毒,施加给他所爱的人。

阉然媚于世也者,是乡原也。

——《孟子·尽心下》

简释:没有灵魂,装出一副讨好相取悦于世人的,这种人就叫作老好人。

夫随其成心而师之,谁独旦无师乎?

——《庄子·齐物论》

简释:如果依据自己的成见作为判断的标准,那么谁没有一个标准呢?

强以仁义绳墨之言炫暴人之前者,是以人恶育其美也。

——《庄子·人间世》

简释:如果你生硬地用仁义规范的言论在粗暴人的面前夸夸其谈,他就会认为你是有意揭露别人的过错来显扬自己的美德。

夫两喜必多溢美之言,两怒必多溢恶之言。凡溢之类妄,妄则其信之也莫。

——《庄子·人间世》

简释:双方互为欢心必然互相报以过多的、过分的好话,双方互为仇怒必然互相报以过多的、过分的坏话。凡是过分的话都是失真的,失真就会双方互不信任。

以巧斗力者,始乎阳,常卒乎阴,泰至则多奇巧;以礼饮酒者,始乎治,常卒乎乱,泰至则多奇乐。凡事亦然。始乎谅,常卒乎鄙;其作始也简,其将毕也必巨。

——《庄子·人间世》

简释:那些以技巧角力的人,开始的时候明来明去,到最后常常使出阴谋,太过分时就诡计多端了。以礼饮酒的人,开始的时候规规矩矩,到最后往往迷乱昏醉,太过分时就放荡狂乐了。任何事情都是这样。开始时彼此谦谅,到最后就往往互相欺诈了。许多事情开始时很单纯,到最后时就变得艰难。

剋核太至,则必有不肖之心应之,而不知其然也。

——《庄子·人间世》

简释:凡事逼迫太过分时,别人就会兴起恶念来报复他,而他自己还不明白什么缘故。

就不欲入,和不欲出。形就而入,且为颠为灭,为崩为蹶。心和而出,且为声为名,为妖为孽。彼且为婴儿,亦与之为婴儿;彼且为无町畦,亦与之为无町畦;彼且为无崖,亦与之为无崖。达人入于无疵。

——《庄子·人间世》

简释:(要改变一个恶劣的人),亲附他不要太过分,诱导他不要太显露。外表亲附他太深,反而会颠败毁灭。内心诱导太显露,他会怀疑你为了图名声,就会招致灾祸。他如果像婴儿那样任性,你也姑且随着他像婴儿那样任性;他如果没有界限,你也姑且随着他那样不分界限;他如果不拘束,那么你也姑且随着他那样不拘束。这样因势利导他,使他入于无过失的正路上。

夫爱马者,以筐盛矢,以蜃盛溺。适有蚊虻仆缘,而拊之不时,则缺衔毁首碎胸。意有所至而爱有所亡,可不慎邪!

——《庄子·人间世》

简释:喜欢马的人,用别致的筐去接马粪,用珍贵的盛水器去接马尿。恰巧有蚊虻叮在马身上,爱马的人出其不意扑打蚊虻,马就会受惊,咬断口勒毁坏头上胸上的辔饰。本意出于爱护而结果适得其反,这能不使人慎思慎行吗?

鉴明则尘垢不止,止则不明也。久与贤人处则无过。

——《庄子·德充符》

简释:镜子明亮就不落灰尘,落上灰尘就不明亮。常和贤德的人在一起就不会出过失。

世俗之人,皆喜人之同乎己而恶人之异于己也。同于己而欲之,异于己而不欲者,以出乎众为心也。夫以出乎众为心者,曷常出乎众哉!

——《庄子·在宥》

简释:世俗的人,都喜欢别人和自己相同而厌恶别人和自己不同。与自己相同就喜欢,与自己不相同就不高兴,这是出于出人头地的心理。那种怀着出人头地心理的人,难道就能够超出大众么!

以富为是者,不能让禄;以显为是者,不能让名;亲权者,不能与人柄。操之则慄,舍之则悲,而一无所鉴,以窥其所不休者,是天之戮民也。

——《庄子·天运》

简释:以财富为追求目标的,便不会让人利禄;以荣显为追求目标的,便不会让人名誉;迷恋权势的,便不肯给人权柄。操持它时便担忧,舍弃他时便悲哀,心中没有一丝明见来反省一下自己所不停追逐的东西,从客观道理来看,这种人像受着刑戮的人。

夫以利合者,迫穷祸患害相弃也。

——《庄子·山木》

简释:那种因为要互相利用而结合在一起的人,受到窘迫祸患时就互相抛弃了。

君子之交淡若水,小人之交甘若醴;君子淡以亲,小人甘以绝。彼无故以合者,则无故以离。

——《庄子·山木》

简释:君子的交情清淡得像水一样,小人的交情甜美得像醇酒一样;君子清淡却亲切,小人甜蜜却容易断绝。那种无缘无故凑合在一起的人,就会无缘无故地离弃。

以贤临人，未有得人者也；以贤下人，未有不得人者也。

——《庄子·徐无鬼》

简释：以贤名傲视别人，没有能得人心的；以善行谦和待人，没有不得人心的。

睢（suí）睢盱（xū）盱，而谁与居？

——《庄子·寓言》

简释：那种傲慢的神态，谁要和你相处？

好面誉人者，亦好背而毁之。

——《庄子·盗跖》

简释：喜欢当面称赞的人，也喜欢背后诽谤人。

夫为人父者，必能诏其子；为人兄者，必能教其弟。若父不能诏其子，兄不能教其弟，则无贵父子兄弟之亲矣。

——《庄子·盗跖》

简释：做父亲的，必定能诏告他的儿子，做兄长的，必定能教导他的弟弟。如果父亲不能诏告他的儿子，兄长不能教导他的弟弟，那就父子兄弟的亲情也没有什么可尊贵了。

同类相从，同声相应，固天之理也。

——《庄子·渔父》

简释：凡物同类便互相聚集，同声便互相应和，这是自然的道理。

人有八疵，事有四患，不可不察也。非其事而事之，谓之总，莫之顾而进之，谓之佞；希意道言，谓之谄；不择是非道言，谓之谀；好言人之恶，谓之谗；析交离亲，谓之贼；称誉诈伪以败恶人，为之慝；不择善否，两容频适，偷拔其所欲，谓之险。此八疵者，外以乱人，内以伤身，君子不友，明君不臣。所谓四患者，好经大事，变更易常，以挂功名，谓之叨；专知擅事，侵人自用，谓之贪；见过不更，闻谏愈甚，谓之很；人同于己则可，不同于己,虽善不善,谓之矜。

——《庄子·渔父》

简释:人有八种弊病,事有四种患害,不可以不明察。不是他该干的事而去做,叫作"摠";人不理会而窃窃进言,叫作"佞";迎合别人的心思而引言,叫作"谄";不辨是非来说话,叫作"谀";爱讲别人的坏话,叫作"谗";离间亲友,叫作"贼";假装称赞而诋毁人,叫做"慝";不辨善恶,取悦于双方,暗中盗取他所需要的,叫作"险"。这八种毛病,对外扰乱别人,对内伤害自己,君子不与他做朋友,明君不用他做臣子。所谓四种患害是:喜欢办理大事,改变常理常情以图功名,叫作"叨";自恃聪明,擅自行事,侵犯他人而师心自用,叫作"贪";见过不改,听人劝说更加厉害,叫作"很";别人意见与自己相同还可以,如果与自己不同就意见虽好也以为不好,叫作"矜"。

不精不诚,不能动人。故强哭者虽悲不哀,强怒者虽严不威,强亲者虽笑不和。真悲无声而哀,真怒未发而威,真亲未笑而和。

——《庄子·渔父》

简释:不精不诚,就不能感动人。所以勉强哭泣的人虽然悲痛却不哀伤,勉强发怒的人虽然严厉却没有威势,勉强表示亲爱的人虽然笑脸却不感到和悦。真正的悲痛没有声音而哀伤,真正的愤怒没有发作而威严,真正的亲爱没有笑容而和悦。

遇长不敬,失礼也;见贤不尊,不仁也。

——《庄子·渔父》

简释:见到长者不恭敬,这是失礼;见到贤才不尊重,这是不仁义。

有貌愿而益,有长若不肖,有顺怀而达,有坚而缦,有缓而悍。故其就义若渴者,其去义若热。故君子远使之而观其忠,近使之而观其敬,烦使之而观其能,卒然问焉而观其知,急与之期而观其信,委之以财而观其仁,告之以危而观其节,醉之以酒而观其则,杂之以处而观其色。九征至,不肖人得矣。

——《庄子·列御寇》

简释:有的人外貌谨厚而行为骄溢,有的人貌似长者而其实不肖,有的人外貌圆顺而内心刚直,有的人看似坚实而内心怠慢,有的人看似舒缓而内心急躁。所以他趋义急如饥渴,可是弃义却又急如避热。因而君子要让他到远僻之地做事来观察他的忠诚,在近处做事来观察他的敬慎,给他烦难之事去观察他的才能,向他突然提出问题来观察他的心智,给他急促的期限去观察他的信用,把钱财委托给他去观察他的廉洁,告诉他危险的事来观察他的节操,让他醉酒来观察他的仪态,混杂相处来观察他的本色。九种征验做到了,不肖的人就可以看得出来了。

蓬生麻中,不扶而直;白沙在涅,与之俱黑。

——《荀子·劝学》

简释:蓬草生长在大麻之中,不用修扶自然就长直了;洁白的沙子与黑色的涅石混在一起,就会与涅石一样黑。

问楛者勿告也。告楛者勿问也。说楛者勿听也。有争气者勿与辩也。故必由其道至然后接之,非其道则避之。

——《荀子·劝学》

简释:向你打听邪恶之事的不要告诉他。告诉你邪恶之事的不要打听他。有人讲述邪恶之事你不要去听。有人与你争锋斗气你不要和他再辩争。所以合乎真理的事物才能接触它,违背真理的事要离开它。

非我而当者,吾师也;是我而当者,吾友也;谄谀我者,吾贼也。故君子隆师而亲友以致恶其贼。

——《荀子·修身》

简释:能正确批评我的人,是我的老师;能恰当肯定我的人,是我的朋友;向我谄媚讨好的人,是有害于我的人。所以君子敬重老师亲近朋友而最讨厌那种谄媚讨好的人。

以善先人者谓之教。以善和人者谓之顺。以不善先人者谓之谄。以不善和人者谓之谀。

——《荀子·修身》

简释:用善行带头的做法叫作教导。用善意团结人的做法叫作恭顺。动机不良却硬充表率的行为叫作巴结趋奉。动机不良却表示和顺的行为叫作奉承讨好。

马鸣而马应之,牛鸣而牛应之,非知也,其势然也。故新浴者振其衣,新沐者弹其冠,人之情也。其谁能以己之潐潐受人之掝掝者哉!

——《荀子·不苟》

简释:马叫只有马应和,牛叫只有牛应和,这不是聪明,而是它们各自情性决定的。所以刚洗完澡的人都要整理一下衣服,刚洗过头的人都要弹抖一下帽子,这是人之常情。谁愿意让自己的洁白沾染别人的污黑呢!

言无常信,行无常贞,唯利所在,无所不倾,若是则可谓小人矣。

——《荀子·不苟》

简释:说话常常不守信用,行为常常不正派,唯利是图,为了私利什么坏事都干得出来,像这样的人就是小人。

虽有戈矛之刺,不如恭俭之利也。故与人善言,煖于布帛,伤人以言,深于矛戟。

——《荀子·荣辱》

简释:即使有尖利的戈矛在手,也不如实行对自己恭谨约束更锐利。所以赠人以善意的话,比给布帛还要温暖,无谓地刺伤别人的心,那比用戈戟伤身还利害。

博而穷者訾也,清之而愈浊者口也,豢之而愈瘠者交也,辩而不说者争也,直立而不见知者胜也,廉而不见贵者刿也,勇而不见惮者贪也,信而不见敬者好专行也,此小人之所务,而君子之所不为也。

——《荀子·荣辱》

简释:言词博辩却弄得没话可说,这是由于他好毁谤人的缘故;看上去清廉却让人觉得很肮脏,是由于他言不由衷假公济私;本来要培养自己的尊荣却反而更败誉,这是由于他骄傲的缘故;与人辩论而说服不了人,这是由于他好争上风的缘故;虽然特立独行而不被人理解,这是由于他好凌驾于人的缘故;正直而不为人尊重,这是由于他爱伤人心的缘故;勇敢而没人害怕他,是由于他是贪利趋利之勇;真诚守信而不受尊敬,这是由于他好独断专行的缘故。这些都是小人感兴趣的,君子是不这样做的。

小人也者,疾为诞而欲人之信己也,疾为诈而欲人之亲己也,禽兽之行而欲人之善己也,虑之难知也,行之难安也,持之难立也,成则必不得其所好,必遇其所恶焉。

——《荀子·荣辱》

简释:凡是小人,急于干荒诞之事还希望别人相信自己;急于干欺诈之事还希望别人喜欢自己,行为如同禽兽还希望别人称赞自己,思考事情难于近理,行为难于安分,坚持的事站不住脚,最后必然达不到他希望的目的,必然得到他所不希望的后果。

相形不如论心;论心不如择术。形不胜心;心不胜术。术正而心顺之,则形相虽恶而心术善,无害为君子也。形相虽善而心术恶,无害为小人也。君子之谓吉,小人之谓凶。故长短大小善恶形相,非吉凶也。

——《荀子·非相》

简释:看相貌不如了解思想,了解思想不如分析行为方式。相貌不能代替思想;思想不能代替行为方式。行为方式对头思想就顺通,这样,相貌虽丑但是行为方式正确,并不影响一个人成为君子。相貌虽然美好但是行为方式丑恶,也不影响一个人是个道地的小人。君子才是"吉",小人才是"凶"。所以一个人形体相貌上的长短大小美丑,并不是吉凶的表征。

谈说之术,矜庄以莅之,端诚以处之,坚强以持之,譬称以喻之,分别以明之,欣欢芬芗以送之;珍之,贵之,神之;如是则说常无不受;虽不说人,人莫不贵。

——《荀子·非相》

简释:言谈说话的方法,要庄重地见面,举止端庄诚恳地对待人,说话时要充满自信心,运用生动的比喻,条理分明。要愉快温和地送别谈话对象,表示出珍视与他的交谈,敬重他,仰慕他;这样的交谈方式没有不被人接受的;即使谈话不令别人喜悦,但有正义感的人没有不崇尚它的。

言而当、知也,默而当、亦知也;故知默犹知言也。

——《荀子·非十二子》

简释:恰当地讲话,是智慧;恰当地沉默,也是智慧;所以智慧的沉默和智慧的讲话是一样恰当的。

多言无法,而流湎然,虽辩小人也。

——《荀子·非十二子》

简释:喋喋不休又不通道理,而且沉溺其中不能自觉,虽然巧辩也是小人行径。

人之情,虽桀跖,岂又肯为其所恶贼其所好者哉!

——《荀子·议兵》

简释:人们的感情,即使是桀跖这样的小人,也不愿意做他所不愿做的事和破坏他所喜欢的东西呀!

人知贵生乐安而弃礼义,辟之是犹欲寿而刎颈也,愚莫大焉。

——《荀子·强国》

简释:如果人们只知道看重生命喜欢安乐而抛弃礼义,那就像想长寿而用刀割脖子一样,没有比这更愚蠢的。

案直将治怪说,玩奇辞,以相挠滑(gǔ)也;案强钳而利口,厚颜而忍诟,无正而恣睢,妄辩而几利;不好辞让,不敬礼节,而好相推挤,此乱世奸人之说也。

——《荀子·解蔽》

简释:那种散布奇谈怪论,来扰乱人心的,那种强词夺理,厚着脸皮任人责骂,没有道理还胡搅蛮缠,危言耸听唯利是图的;那种不讲谦让,不尊重礼节,好互相排挤的;他们的言论都是一些扰乱世风蛊惑人心的邪说。

愚者之言,芴然而粗,啧然而不类,誻誻然而沸。彼诱其名,眩其辞,而无深于其志义者也。

——《荀子,正名》

简释:愚蠢人的说话,没有根据而又粗鲁,抢先说话而不伦不类,说得又多又吵闹。他们是被虚誉诱惑,眩耀其辞,其实一点深刻的道理也没有。

夫人虽有性质美而心辩知,必将求贤师而事之,择良友而友之。得贤师而事之,则所闻者尧舜禹汤之道也;得良友而友之,则所见者忠信敬让之行也。身日进于仁义而不自知也者,靡使然也。今与不善人处,则所闻者欺诬诈伪也,所见者汙漫淫邪贪利之行也,身且加于刑戮而不自知者,靡使然也。传曰:"不知其子视其友,不知其君视其左右。"靡而已矣!靡而已矣!

——《荀子·性恶》

简释:一个人即使有美好的素质和聪明的头脑,也一定要访求贤师向他学习,选择良友和他结交。向贤师学习,听到的便是尧舜禹汤的正道,与良友相处,看到的便是忠信、恭敬、谦让的行为;自己不断做到了仁义却不知不觉,这就是环境的影响。如果和坏人在一起,那么听到的是欺骗诈伪的坏话,见到的是肮脏,淫邪,贪利的行为,自己就要犯罪杀头了还不觉察，这也是环境的影响。古语说："不知道儿子的好坏，只要看看他的朋友；不知道国君的好坏，只要看看他身边的人。"这不过是环境影响罢了！环境的影响啊！

士有妒友，则贤交不亲；君有妒臣，则贤人不至。蔽公者谓之昧，隐良者谓之妒，奉妒昧者谓之交谲。交谲之人，妒昧之臣，国之秽孽也。

——《荀子·大略》

简释：一个人交了爱妒嫉的朋友，那么他的好朋友们就会与他疏远；君王任用爱妒嫉的臣子，那么贤才就不会近前了。以私遮公者叫做"昧"，瞒良不举者叫做"妒"，趋奉妒昧之人者叫做"狡谲"。狡谲的人，妒昧的臣子，是国家秽乱祸难的根子。

不足于行者，说过；不足于信者，诚言。

——《荀子·大略》

简释：做得不好的人，一定言过其实；信用不佳的人，一定爱表白诚实。

君人者不可以不慎取臣，匹夫不可以不慎取友。友者，所以相有也。道不同，何以相有也？均薪施火，火就燥；平地注水，水流湿；夫类之相从也如此之著也，以友观人焉所疑！

——《荀子·大略》

简释：统治人的君主不能不慎重选择臣子，一个人不能不慎重选择朋友。朋友，是扶助你的人。志趣不同，用什么扶助你呢？给薪柴点火，火总是燃向干燥的部分；在平地上灌水，水总是流向低洼处；同类相从的道理这样明显，那么，从一个人的朋友看其人还有什么疑问吗！

兰槐之根是为芷，其渐之滫，君子不近，庶人不服。其质非不美也，所渐者然也。

——《荀子·劝学》

简释:兰槐的根就是芳香的芷,如果把它浸在臭水中,那就会君子不接近它,一般人也不会佩带它。它的素质不是不美,是浸于臭水里使它这样的。

不知而言不智,知而不言不忠。

——《韩非子·初见秦》

简释:不知道而随便乱说是不明智的,知道了却故意不讲是没有尽心竭力。

听言之道,溶若甚醉。唇乎齿乎,吾不为始乎;齿乎唇乎,愈惛惛乎。彼自离之,吾因以知之。

——《韩非子·扬权》

简释:听言的办法,要像醉心于讲话者的样子。不论你怎样说,我不先开口;不论你怎样讲,我始终不表示可否。让人自己去分析表述,从中了解实情。

同事之人,不可不审查也。

——《韩非子·说林上》

简释:同事的人不一定同心,要了解别人的思想,必须进行深入的考察。

倒义,则事之所以败也;逆德,则怨之所以聚也,败亡之不察何也!

——《韩非子·难四》

简释:背弃正义,这是事情败毁的原因;违背道德,这是增加怨恨的原因;这些造成事情败亡的因素不好好省察,还要干什么呢!

贤人而诎于不肖者,则权轻位卑也。

——《韩非子·难势》

简释:贤人屈就于不肖者,是由于贤人权力小,地位低。

治学求知篇

骐骥一跃，
不能十步；
驽马十驾，
功在不舍；
锲而舍之，
朽木不折；
锲而不舍，
金石可镂。

锲而不舍

金石可镂

知不知,尚矣;不知知,病也。

——《老子·七十一章》

简释:知道自己有所不知道,最好;不知道却自以为知,这就错了。

知者不博,博者不知。

——《老子·八十一章》

简释:有所真知者并不是广博;看上去广博者并不深入真知。

学而时习之,不亦说乎。

——《论语·学而》

简释:对学得的知识经常去温习一下,不也能带来愉快么?

温故而知新,可以为师矣。

——《论语·为政》

简释:温习学过的知识而能从中获得新体会,新见解,这样的人就可以做老师了。

学而不思则罔,思而不学则殆。

——《论语·为政》

简释:只读书而不分析思考,就容易上当受骗;只冥思苦想而不读书学习,就会愚昧迷惑。

知之为知之,不知为不知,是知也。

——《论语·为政》

简释:懂得就是懂得,不懂就是不懂,这才是聪明啊。

默而识之,学而不厌,诲人不倦,何有于我哉?

——《论语·述而》

简释:默默地记住所学的知识,努力学习而不满足,教导别人而不疲倦,这些事我做到了哪些呢?

多闻，择其善者而从之，多见而识之。

——《论语·述而》

简释：多听各种见解，选择其中好的实行它；多看各种事情，记住其中的事理。

学如不及，犹恐失之。

——《论语·泰伯》

简释：学习应像追赶什么东西怕赶不上那样急切，学到以后又唯恐忘记。

敏而好学，不耻下问。

——《论语·公冶长》

简释：思维敏捷而又爱好学习，不认为向地位低下的人请教是什么耻辱。

不愤不启，不悱不发。

——《论语·述而》

简释：不到苦思苦想而想不通时，不去开导；不到口里想说而不能说准确时，不去启发。

吾尝终日不食，终夜不寝，以思，无益，不如学也。

——《论语·卫灵公》

简释：我曾经整天不吃饭，整夜不睡觉，去冥思苦想，没有什么益处，不如去学习。

好仁不好学，其蔽也愚；好知不好学，其蔽也荡；好信不好学，其蔽也贼，好直不好学，其蔽也绞；好勇不好学，其蔽也乱；好刚不好学，其蔽也狂。

——《论语·阳货》

简释:爱好仁德而不爱好学习,它的弊病是容易被人愚弄;爱好聪明而不爱好学习,它的弊病是容易放荡不羁;爱好诚实而不爱好学习,它的弊病是容易被人利用而受害;爱好直率而不爱好学习,它的弊病是说话尖刻刺人;爱好勇敢而不爱好学习,它的弊病是容易闹出祸乱;爱好刚强而不爱好学习,它的弊病是狂妄无礼。

不践迹,亦不入于室。

——《论语·先进》

简释:不踩着前人的脚印走,学问仁德也修养不到家。

人一能之,己百之;人能十之,己千之。果能此道矣,虽愚必明,虽柔必强。

——《中庸·第二十章》

简释:别人一遍能做好的,我做它一百遍也一定能做好;别人十遍能做好的,我做它一千遍也一定能做好。一个人如果能够按这个道理去做,那么即使是愚蠢的人,也一定会变得聪明;即使是柔弱的人,也一定会变得强悍。

有弗学,学之弗能弗措也;有弗问,问之弗知弗措也;有弗思,思之弗得弗指也;有弗辨,辨之弗明弗措也;有弗行,行之弗笃弗措也。

——《中庸·第二十章》

简释:有的东西不学则已,学就一定要掌握它,如未掌握,那就不要停止学习;有的东西不问则已,问就要问清楚,如未弄清就不要罢休;有的问题不思考则已,要思考就要有体会,如未有体会就不要停止思考;有的事情不辨别则已,要辨别就要是非辨清,如未辨清就不要停止辨别;有的措施不实行则罢,要实行就实行到底,如不彻底就不要停止实行。

人莫不饮食也,鲜能知味也。

——《中庸·第四章》

简释:人没有不吃不喝的,但很少有人能辨出其中滋味。

行之而不著焉,习矣而不察焉,终身由之而不知其道者,众也。

——《孟子·尽心上》

简释:仅仅这样做下去却不明白为什么要这样做,天天习惯的事却不问个所以然,终身终世打这条路上走,却不考究一下这是一条什么路,这种人就是个一般人。

梓匠轮舆能与人规矩,不能使人巧。

——《孟子·尽心下》

简释:木匠车工能够把规矩法度传授给别人,但是却不能保证别人一定获得高明熟练的技巧,(得靠学者自己在钻研中心领神会)。

尽信书,则不如无书。

——《孟子·尽心下》

简释:一切都相信书,就还不如没有书。

有为者辟若掘井,掘井九轫而不及泉,犹为弃井也。

——《孟子·尽心上》

简释:有作为的人好像打井一样,井打到六七丈深却没有挖到地下泉水,那就是一口废井了。

孔子登东山而小鲁,登泰山而小天下,故观于海者难为水,游于圣人之门者难为言。

——《孟子·尽心上》

简释:孔子登上东山便觉得鲁国小了,登上泰山就觉得天下也小了。所以对于观看过大海的人,对于水就再难以得到他的赞叹了;对于曾到圣人门下游学过的人,对于言谈就不容易再打动他的心弦了。

流水之为物也,不盈科不行;君子之志于道也,不成章不达。

——《孟子·尽心上》

简释:流水这个东西,不填满地面上那些坎坎洼洼,它是不会前进的;君子有志于钻研学道,不日积月累到胸有珠玑、文章外现,就不能由此及彼,通达事理。

博学而详说之,将以反说约也。

——《孟子·离娄下》

简释:广博地学习,详尽地解说,目的是为了深入浅出,回到最简明扼要的地步。

原泉混混,不舍昼夜,盈科而后进,放乎四海。有本者如是,是之取尔。

——《孟子·离娄下》

简释:有本有源的泉水滚滚奔流,不分白天黑夜,注满低洼后又继续前进,一直到达大海。凡是做事重视本原的都是这样,这是最可取的一点。

其有不合者,仰而思之,夜以继日;幸而得之,坐以待旦。

——《孟子·离娄下》

简释:遇到与别人不一致的地方,便仰起头细加思考,不分白天黑夜;一旦幸而豁然弄通了,便兴奋得坐等天亮去实施。

虽有天下易生之物也,一日暴之,十日寒之,未有能生者也。

——《孟子·告子上》

简释:即使是天下容易生长的植物,你让它晒一天太阳,又搁在阴凉地方冷它十天,那也就没有能够活下去的了。

不专心致志,则不得也。

——《孟子·告子上》

简释:如果不聚精会神地学,就什么也学不到手。

不直,则道不见。

——《孟子·滕文公上》

简释:不直率地进行论辩,正确的道理就表现不出来。

所恶于智者,为其凿也。

——《孟子·离娄下》

简释:我们之所以讨厌那些自炫聪明的人,就是因为这种人总爱穿凿附会。

君子深造之以道,欲其自得之也。自得之,则居之安;居之安,则资之深;资之深,则取之左右逢其原,故君子欲其自得之也。

——《孟子·离娄下》

简释:君子沿着正确途径对学问进行高深的造诣,目的就是要使自己自觉地得到学问。自己自觉地获得的学问,就能心安理得地坚守它;能心安理得地坚守它,就能日积月累,积蓄深广;积蓄深广,便能随心所欲,取之不尽,用之不竭,左右逢源。所以君子贵在自己自觉地求得学问。

羿之教人射,必志于彀;学者亦必志于彀。大匠诲人必以规矩,学者亦必以规矩。

——《孟子·告子上》

简释:羿者教人射箭,必定把拉满弓作为最高要求;学射箭的人也一定要把拉满弓作为最高要求。高明的工匠指教人,一定要遵循规矩,学习做工的人也一定要遵循规矩。

吾生也有涯,而知也无涯。

——《庄子·养生主》

简释:我们的生命是有限的,而知识是无限的。

子独不闻夫寿陵余子之学行于邯郸与? 未得国能,又失其故行矣,直匍匐而归耳。

——《庄子·秋水》

简释:你没有听说过寿陵的少年到邯郸去学走路的故事吗? 他不但没有学会赵国人的走法,而且把自己原来的步法也忘了,结果只好爬着回去。

博之不必知,辩之不必慧,圣人以断之矣。

——《庄子·知北游》

简释:学问广博的不一定具有真知,擅于辩论的不一定有真知灼见,圣人早已弃绝这些行为了。

所谓暖姝者,学一先生之言,则暖暖姝姝而私自说也,自以为足矣,而未知未始有物也,是以谓暖姝者也。

——《庄子·徐无鬼》

简释:所谓沾沾自喜的,只学一家之言,就自鸣得意,自以为饱学,而不知道并无所得,这就是那种沾沾自喜类的。

学不可以已。青,取之于蓝,而青于蓝;冰,水为之,而寒于水。

——《荀子·劝学》

简释:学习不要停断。青色,是从蓝色中取源的,但是青色却比蓝色更为深纯;冰,是由水形成的,却比水更加清寒。

木直中绳,鞣以为轮,其曲中规,虽有槁暴,不复挺者,鞣使之然也。

——《荀子·劝学》

简释:木头挺直得符合准线,在把它弯曲制成轮子后,它的圆曲又符合圆规。这时即使它变枯干了,却不再挺直了,这是外力弯曲使它这样的。

不登高山,不知天之高也;不临深谷,不知地之厚也。

——《荀子·劝学》

简释:不登上高高的山峰,就体会不到天的高远,不来到深深的峡谷,就体会不到地的深厚。

生而同声,长而异俗,教使之然也。

——《荀子·劝学》

简释:人刚生下来时声音都是一样的,在成长的过程中语言习俗就不一样了,这是教育使他这样的。

吾尝终日而思矣,不如须臾之所学也。吾尝跂而望矣,不如登高之博见也。登高而招,臂非加长也,而见者远;顺风而呼,声非加疾也,而闻者彰。假舆马者,非利足也,而致千里;假舟楫者,非能水也,而绝江河。君子生非异也,善假于物也。

——《荀子·劝学》

简释:我们常常整天冥思苦想,其结果却不如片刻之时的学习;我们常常跷脚而望,却不如登临高处看得那么多广;登临高处招手,手臂并没有加长,而远远的地方都看得见;顺风呼喊,声音并没有加速,可是听的人觉得非常清楚;乘坐车马的人,并没有强劲的腿脚,却能到达千里之外;乘坐船的人,并没有好水性,却能横渡江河。君子的秉性与人并没什么不同,只是他善于驾驭事物。

不积跬步,无以至千里;不积小流,无以成江海。

——《荀子·劝学》

简释:不半步半步地积累,就走不完千里之程;不汇积细小的水流,就不能成为大江大海。

目不能两视而明；耳不能两听而聪。

——《荀子·劝学》

简释：眼睛无法同时看清楚两个不同地方的东西；耳朵无法同时听明确两件不同的事情。

骐骥一跃，不能十步；驽马十驾，功在不舍。锲而舍之，朽木不折；锲而不舍，金石可镂。

——《荀子·劝学》

简释：千里马跃一下，没有十步远；驽笨的马走十天也能行千里，它的功夫在于不停顿。用刀子刻几下就放下，就是朽木也刻不断；如果不停地刻，就是金属和石头也能雕刻成器。

蚓无爪牙之利，筋骨之强，上食埃土，下饮黄泉，用心一也。蟹六跪而二螯，非蛇蟮之穴无可寄托者，用心躁也。是故无冥冥之志者，无昭昭之明，无惛惛之事者，无赫赫之功。

——《荀子·劝学》

简释：蚯蚓没有尖利的爪牙，没有强劲的筋骨，却吃到地上的尘土和地下的泉水，这是它用心专一的缘故。螃蟹六只脚两只利钳，却不偷借蛇蟮的洞穴就没有地方栖身，这是它用心浮躁的缘故。所以，没有精诚专一的毅力，就没有智慧的明显飞跃；没有默默无闻的工作，就干不成出类拔萃的事业。

真积力久则入。

——《荀子·劝学》

简释：能够真诚积累、力行持久，就必定有深入其门的成就。

君子之学也：入乎耳，箸乎心，布乎四体，形乎动静。端而言，蠕而动,一可以为法则。小人之学也:入乎耳,出乎口。口耳之间则四寸耳,曷足以美七尺之躯哉!

——《荀子·劝学》

简释:君子是这样学习的:听明白后,积累在心里,融化在身心中,表现在行为上。这时,即使是细微的言语,轻微的举动,都能成为人们效法的榜样。而小人是这样学习的:从耳朵进去,从嘴里出来。耳朵和嘴巴之间只有四寸的距离,这怎么能使他身心教化得美好呢!

君子之学也以美其身;小人之学也以为禽犊。

——《荀子·劝学》

简释:君子学习的目的是为了把身心熏陶得更美好,而小人的学习是为了以所学炫耀于人。

学之经莫速乎好其人。

——《荀子·劝学》

简释:最佳的学习途径是直接学习你最悦而诚服的人。

百发失一,不足谓善射;千里跬步不至,不足谓善御。

——《荀子·劝学》

简释:射出一百发箭只有一发未中的,也不能算是精通箭术的射手,千里路程只差半步未达目标,也不算是最好的御手。

学也者,固学一之也。一出焉,一入焉,涂巷之人也。

——《荀子·劝学》

简释:治学这件事,贵在始终专一。一时学习,一时不学习,是思想混乱的半途而废之人。

君子知夫不全不粹之不足以为美也,故诵数以贯之;思索以通之;为其人以处之;除其害者以持养之。使目非视无欲见也,使耳非是无欲闻

先秦七子箴言录 151

也,使口非是无欲言也,使心非是无欲虑也。

——《荀子·劝学》

简释:君子要知道,学习如果不广博不精粹是不能算完美的。所以要博览群书融会贯通;要通过思考探索弄懂弄通;要像就学的导师那样去对待;要去其糟粕吸取精华滋养自己。对于错误的东西,要使自己眼睛不看,耳朵不听,嘴里不说,心里不想。

厌其源,开其渎,江河可竭。一进一退,一左一右,六骥不致。彼人之才性之相县也,岂若跛鳖之与六骥足哉!然而跛鳖致之,六骥不至,是无他故焉,或为之或不为尔!道虽迩,不行不至;事虽小,不为不成。

——《荀子·修身》

简释:如果堵塞源头,广开水窦,那么江河也会枯竭。一会儿进一会儿退,左一下右一下,即使六匹好马拉车也达不到目的。人的秉性相差的悬殊,多么像跛足的鳖和六匹好马呀!然而跛鳖能达目的,六匹好马达不到,这没有其他原因,只是做或不做的原因啊!道路虽然近,不走不能到目的;事情虽然小,不做不能成功。

将以穷无穷、逐无极与?其折骨绝筋终身不可以相及也;将有所止之,则千里虽远,亦或迟、或速、或先、或后,胡为乎其不可以相及也!

——《荀子·修身》

简释:如果你要把无穷无尽作为目标去追求,那么即使你骨折筋断也是一辈子也实现不了的;如果你有一定的目标,那么千里路虽远,但是或者慢、或者快、或者先、或者后,有什么不可以到达目标的呢!

不是师法,而好自用,譬之是犹以盲辨色,以聋辨声也。

——《荀子·修身》

简释:不愿意学习真理,而喜欢自以为是,这就好像让瞎子辨别颜色,让聋子辨别声音。

不闻不若闻之,闻之不若见之,见之不若知之,知之不若行之。学至于行之而止矣。行之明也。

——《荀子·儒效》

简释:不知道不如打听一下,听说了还不如亲眼看一看;看一看还不如通过思考而认识它,认识了还不如亲自去实践它。学习的知识用于实践才算达到目的了。亲自实践就会真正弄通弄懂了。

闻之而不见,虽博必谬;见之而不知,虽识必妄;知之而不行,虽敦必困。

——《荀子·儒效》

简释:如果只是听见了而不去亲眼看看,那么虽然听得多必然会有错误;如果只是看了而没有认识它,那么虽然记住表面了还是要迷惑不解;如果认识了但不去亲自实践,那么知识虽然渊博,还是难免陷入困境。

不以所已臧害所将受,谓之虚。

——《荀子·解蔽》

简释:不因为已经有了知识而妨碍再去接受新的知识,就叫作虚心。

心枝则无知,倾则不精,贰则疑惑。

——《荀子·解蔽》

简释:精力分散了就不能认识问题,偏离了就不能专精,分了心就疑惑不定认识不清。

凡以知,人之性也;可以知,物之理也。以可以知人之性,求可以知物之理,而无所疑止之,则没世穷年不能遍也。

——《荀子·解蔽》

简释:认识事物,是人的能力;可以被认识的,是事物的客观规律。

运用人能认识事物的能力,去探寻可以被认识的事物规律,要是没有确定的目标,那是一辈子也认识不完的。

今使涂之人伏术为学,专心一志,思索孰察,加日县久,积善而不息,则通于神明,参于天地矣。故圣人者,人之所积而至也。

——《荀子·性恶》

简释:假使一个普通人学习和研究治国之术,专心致志,深思熟虑,天长日久,不断地积累善行,他就会达到极高的精神境界,和天地一样高大。所以说圣人是由普通人不断学习积累而成的。

善学者尽其理,善行者究其难。

——《荀子·大略》

简释:善于学习的人总是努力于领会道理,善于实践的人总是努力于研究解决困难。

人之于文学也,犹玉之于琢磨也……和之璧,井里之厥也,玉人琢之,为天子宝。

——《荀子·大略》

简释:人对于修养和学习来说,就像玉石对于雕琢磨砺一样。著名的"和氏璧",原来不过是山洞里的石头,可是经过工匠的雕琢,就成了天子的至宝。

多知而无亲,博学而无方,好多而无定者,君子不与。

——《荀子·大略》

简释:知道的很多而没有专精一门,泛泛地学习而没有一定方向,贪多而不确定重点,这样的学习方法君子是不采用的。

君子一教,弟子一学,亟成。

——《荀子·大略》

简释:老师专心一意地教,学生专心一意地学,总是能够成功的。

君子进则能益上之誉而损下之忧。不能而居之,诬也;无益而厚受之,窃也。学者非必为仕,而仕者必如学。

——《荀子·大略》

简释:君子受到举进提拔应该不负身居上位的荣誉,能够消除下面人们的忧患。做不到这些而居上位,那是给那个位置抹黑;没干好工作而受到丰厚的待遇,那就等于偷窃。学习,并不是为了一定做官,但做了官一定要不负所学的道理。

事理辩证篇

有无相生，难易相成，长短相形，高下相盈，音声相合，前后相随。

——《老子·二章》

简释：有和无互相生成，难和易互相形成，长和短互相形成，高和下互相包含，音和声互相和调，前和后互相随顺。

圣人后其身而身先，外其身而身存。非以其无私邪？故能成其私。

——《老子·七章》

简释：圣明的人把自己放在后面，反而能赢得爱戴；把自己置之度外，反而能保全生命。不正是由于他无私吗？反而能成就自己。

大道废，有仁义；智慧出，有大伪；六亲不和，有孝慈；国家昏乱，有忠臣。

——《老子·十八章》

简释：大道废弃，才提倡仁义；智巧出现，才产生伪诈；家庭纠纷，才显出孝慈；国家昏乱，才显出忠臣。

曲则全，枉则直，洼则盈，敝则新，少则得，多则惑。

——《老子·二十二章》

简释：委曲反能保全，屈就反能伸展，低洼反能充盈，敝旧反能生新，少取反能多得，贪多反而迷惑。

重为轻根，静为躁君。

轻则失根,躁则失君。

——《老子·二十六章》

简释:厚重是轻率的根本,静定是躁动的主帅。轻率就失去了根本,躁动就失去了主体。

以其终不自为大,故能成其大。

——《老子·三十四章》

简释:由于不自以为伟大,所以才能成就伟大。

将欲歙之,必固张之;将欲弱之,必固强之;将与废之,必固兴之;将欲取之,必固与之。

——《老子·三十六章》

简释:将要收敛的,必先扩张;将要削弱的,必先强盛;将要废弃的,必先兴举;将要取来的,必先给予。

贵以贱为本,高以下为基。

——《老子·三十九章》

简释:贵以贱为根本,高以下为基础。

大方无隅;

大器晚成;

大音希声;

大象无形。

——《老子·四十一章》

简释:最方正的反而没有棱角;

　　　贵重的器物总是最后完成;

　　　最大的乐声反而听来无音响;

最大的形象反而看不见形迹。

物或损之而益，或益之而损。

——《老子·四十二章》

简释：一切事物，有时减损它反而得到增加，增加它有时反而受到减损。

天下之至柔，驰骋天下之至坚。

——《老子·四十三章》

简释：天下最柔软的东西，能驾驭天下最坚硬的东西。

甚爱必大费，多藏必厚亡。

——《老子·四十四章》

简释：过分的吝啬必定要付出重大的耗费，过多的藏货必然会招致惨重的损失。

见小曰明，守柔曰强。

——《老子·五十二章》

简释：能察见细微的叫作"明"，能守持柔弱的叫作"强"。

祸兮，福之所倚；福兮，祸之所伏。

——《老子·五十八章》

简释：灾祸啊，幸福依存之地；幸福啊，灾祸潜伏之所。

图难于其易，为大于其细；天下难事，必作于易，天下大事，必作于细。是以圣人终不为大，故能成其大。

——《老子·六十三章》

简释：处理困难要从容易的入手，实现远大要从细微入手；天下的难事，必定做起于容易；天下的大事，必定做起于细微。所以圣明的人始终不自以为大,因此能成就大事业。

夫轻诺必寡信,多易必多难。是以圣人犹难之,故终无难矣。

——《老子·六十三章》

简释:轻易允诺的一定缺少信用,把事情看得太容易一定要遭遇更多困难。所以圣明的人遇事总把它从难处着眼,因此终究没有困难了。

信言不美,美言不信。

善者不辩,辩者不善。

——《老子·八十一章》

简释:真实的言辞不一定好听,悦耳的言辞不一定真实。好人的嘴巴不一定巧辩,巧于漂亮话的不一定是好人。

坚强者死之徒,柔弱者生之徒。

强大处下,柔弱处上。

——《老子·七十六章》

简释:坚强的东西属于死亡的一类;柔弱的东西属于生存的一类。凡是强大的,必将居于下位,凡是柔弱的,必将居于上面。

合抱之木,生于毫末;九层之台,起于累土;千里之行,始于足下。

——《老子·六十四章》

简释:合抱大木,是从细小萌芽生长起来的;九层高台,是从一堆泥土建筑起来的;千里远行,是从脚下起步走出来的。

柔弱胜刚强。

——《老子·三十六章》

简释:柔弱的事物在发展中必将胜过刚强。

益生曰祥,心使气曰强。物壮则老,谓之不道,不道早已。

——《老子·五十五章》

简释:贪生纵欲就会遭灾殃,欲念主使和气就是逞强。过分的强壮就趋于衰老,这就叫不合于规律,不合于规律很快就会衰亡。

知其雄,守其雌。

知其白,守其辱。

——《老子·二十八章》

简释:深知雄强,却安守雌柔。

深知明亮,却安于暗昧。

后生可畏,焉知来者之不如今也? 四十、五十而无闻焉,斯亦不足畏也已。

——《论语·子罕》

简释:年轻人是可敬畏的,怎么知道他们将来不如现在我们这一代呢? 一个四十、五十岁了还不闻于世的人,他当然是不值得敬畏了。

可共与学,未可与适道;可与适道,未可与立;可与立,未可与权。

——《论语·子罕》

简释:可以在一起学习的人,未必可以一起学到道义;可以一起学到道义的人,未必可以一起坚守道义;可以一起坚守道义的人,又未必可以一起通权达变。

过犹不及。

——《论语·先进》

简释:过了头与赶不上同样都是不正确的。

欲速则不达,见小利则大事不成。

——《论语·子路》

简释:要图快反而达不到目的,贪求小利就办不成大事。

人无远虑,必有近忧。

——《论语·卫灵公》

简释:一个人没有长远的考虑,一定会遭到眼前的忧患。

巧言乱德。小不忍,则乱大谋。

——《论语·卫灵公》

简释:花言巧语就会败坏道德。小事不能忍耐,就会打乱大计划。

质胜文则野,文胜质则史。

——《论语·雍也》

简释:质地胜过文采就显得粗野,文采胜过质地就显得浮夸。

人恒过,然后能改;困于心衡于虑而后作,征于色发于声而后喻。

——《孟子·告子下》

简释:一个人只有经过许多错误和失败的教训,然后才能改过自新走上正路;只有经过艰苦的思想斗争,错综复杂的重重思考,然后才能有所作为;只有在艰苦的求索中磨炼得形容憔悴,发出悲歌慷慨的声音,然后才能得到人们的理解。

生于忧患而死于安乐。

——《孟子·告子下》

简释:在忧愁患害中能够获得生存,而在安逸快乐中却反会遭到毁灭。

人有不为也,而后可以有为。

——《孟子·离娄下》

简释:一个人只有对有些事舍弃不干,然后才能够有所作为。

揠苗者也——非徒无益,而又害之。

——《孟子·公孙丑上》

简释:拔苗助长的办法——不但没有好处,而且还害了苗。

其进锐者,其退速。

——《孟子·尽心上》

简释:那些进用太突然的人和事,他们的被罢退也将是十分迅速的。

物无非彼,物无非是。自彼则不见,自是则知之。故曰彼出于是,是亦因彼。

——《庄子·齐物论》

简释:世界上的事物没有不是"彼"的,也没有不是"此"的。从他物那方面看就不见这方面,从自己这方面来了解就知道了。所以说彼方是与此方相对而来的,此方也因为彼方的相对应而存在。

天下莫大于秋毫之末,而大山为小;莫寿于殇子,而彭祖为夭。

——《庄子·齐物论》

简释:天下没有比秋毫毛的末端更大的东西,而高山却是小的;没有比夭折的婴儿更长寿的,而彭祖却是短命的。

指穷于为薪,火传也,不知其尽也。

——《庄子·养生主》

简释:烛薪的燃烧是有穷尽的,火却传续下去,没有穷尽的时候。

自细视大者不尽,自大视细者不明。故异便,此势之有也。

——《庄子·秋水》

简释:从小的立场去看大的事物是看不到全面的,从大的立场去看小的事物是看不分明的。大小各有不同的方便,这是情势如此的。

因其所然而然之,则万物莫不然;因其所非而非之,则万物莫不非。

——《庄子·秋水》

简释:顺着万物对的一面而用对肯定它,那就没有一物不是对的了;顺着万物错的一面而用错否定它,那就没有一物不是错的了。

梁丽可以冲城,而不可以窒穴,言殊器也;骐骥骅骝,一日而驰千里,捕鼠不如狸狌,言殊技也;鸱鸺夜撮蚤,察毫末,昼出瞋目而不见丘山,言殊性也。

——《庄子·秋水》

简释:栋梁可以用来冲城,但不能用来塞小洞,这是说器用的不同;骐骥骅骝等好马,一天能跑一千里,但捉老鼠却不如猫和黄鼠狼,这是说技能的不同;猫头鹰在夜里能捉跳蚤,明察秋毫,但是大白天瞪着眼睛看不见丘山,这是说性能的不同。

年不可举,时不可止;消息盈虚,终则有始。

——《庄子·秋水》

简释:年岁不能停留,时光不能挽住;消亡、生长、充实、空虚,终结了再开始。

合则离,成则毁;廉则挫,尊则议;有为则亏,贤则谋。

——《庄子·山木》

简释:有聚合就有分离,有成功就有毁损;锐利就会遭到挫折,崇高就会受到倾覆,有为就会受亏损,贤能就会被谋算。

秋毫为小,待之成体。

——《庄子·知北游》

简释:秋毫是渺小的,却依恃它才能成形体。

安危相易,祸福相生,缓急相摩,聚散以成。

——《庄子·则阳》

简释:安危互相更替,祸福互相产生,缓急互相交替,聚散因此而形成。

夫为剑者,示之以虚,开之以利,后之以发,先之以至。

——《庄子·说剑》

简释:用剑之道,先示人以虚空,给予可乘之机,发动在后,抢先击到。

一尺之捶,日取其中,万世不竭。

——《庄子·天下》

简释:一尺长的棍子,每天取下它的一半,永远也取之不尽。

以近知远,以一知万,以微知明。

——《荀子·非相》

简释:分析现在就可以预见将来;解剖一个就能够了解一万个;洞悉隐微就会看到光明。

君子之所谓贤者,非能遍能人之所能之谓也;君子之所谓知者,非能遍知人之所知之谓也;君子之所谓辩者,非能遍辩人之所辩之谓也;君子之所谓察者,非能遍察人之所察之谓也;有所止矣。

——《荀子·儒效》

简释:君子所说的贤人,并不是说他具有一切贤能人的能力;君子所说的智者,并不是说他具有一切智者的智慧;君子所说的好口才,并不是说他比所有口才好的人善辩;君子所说的明察之人,并不是说他具有一切明察人的洞察力。什么事情都有一定的界限而不是绝对的。

鄙争而名愈辱,烦劳以求安利其身愈危。

——《荀子·儒效》

简释:不择手段地去争名就会名声更坏,置身于困境中却追求安逸享受就会处境更危险。

万物为道一偏,一物为万物一偏,愚者为一物一偏,而自以为知道,无知也。

——《荀子·天论》

简释:万物只是大自然的一部分,一物又只是万物的一部分。愚蠢的人只了解了一物的一部分,却以为自己已经认识了大自然,这真是无知啊。

有后而无先,则群众无门。有诎而无信,则贵贱不分。有齐而无畸,则政令不施。有少而无多,则群众不化。

——《荀子·天论》

简释:只认识"后"的方面,不认识"先"的方面,人们就不知如何办事;只认识"屈"的方面,不认识"伸"的方面,就分别不出贵贱;只认识"共同"的方面,不认识"差别"的方面,政令就无法实行;只认识人们欲望"少"的方面,不认识人们欲望"多"的方面,人们就得不到教化。

凡人之患,蔽于一曲,而暗于大理。

——《荀子·解蔽》

简释:一般人的毛病,在于被局部现象所蒙蔽,不清楚整体的道理。

欲为蔽,恶为蔽,始为蔽,终为蔽,远为蔽,近为蔽,博为蔽,浅为蔽,古为蔽,今为蔽。凡万物异则莫不相为蔽,此心术之公患也。

——《荀子·解蔽》

简释:偏于欲求的一面是片面性,偏于厌恶的一面也是片面性;偏于开端的一面是片面性,偏于结尾的一面也是片面性;偏于远的一面是片面性,偏于近的一面也是片面性;偏于渊博的一面是片面性,偏于浅窄的一面也是片面性;偏于古代的一面是片面性,偏于现代的一面也是片面性。总之,一切事物都有差异,偏于一个方面就要产生片面性,这是人们思想方法上容易犯的通病。

由用谓之道,尽利矣。由欲谓之道,尽嗛矣。由法谓之道,尽数矣。由势谓之道,尽便矣。由辞谓之道,尽论矣。由天谓之道,尽因矣。此数具者,皆道之一隅也。夫道者,体常而尽变,一隅不足以举之。曲知之人,观于道之一隅而未之能识也,故以为足而饰之,内以自乱,外以惑人,上以蔽下,下以蔽上;此蔽塞之祸也。

——《荀子·解蔽》

简释:只从实用的角度出发,真理似乎就在于追求功利;只从欲望的角度出发,真理似乎就是欲望的简单满足;只从法制角度出发,真理似乎就只是法规条例;只从权势的角度出发,真理似乎就在于凭势位任意行事;只从辞令辩术角度出发,真理似乎就在于空谈理论;只从天道自然的角度出发,真理似乎就在于顺从自然。这几种说法,都是真理的一个侧面。所谓真理,既体现了客观规律,而又不断地发展变化,它的一个侧面不可能反映它的全貌。那些认识片面的人,仅仅看到真理的一个侧面而没看清全貌,就自满地虚加粉饰来自欺欺人,既造成自己思想上的混乱,又迷惑了别人;自居上位的蒙蔽下面的人,下面的也蒙蔽上面的人;这就是各执偏见蒙蔽堵塞真理的祸害。

圣人知心术之患,见蔽塞之祸,故无欲、无恶、无始、无终、无近、无远、无博、无浅、无古、无今,兼陈万物而中县衡焉。是故众异不得相蔽以乱其伦也。

——《荀子·解蔽》

简释:圣人看到思想方法上的毛病,认识到片面性和偏见的害处,所以既不偏于欲求,也不偏于厌恶;既不偏于开端,也不偏于结尾;既不偏于近的,也不偏于远的;既不偏于渊博,也不偏于浅窄;既不偏于古代,也不偏于现代,而是把事物摆出来,加以全面的衡量。这样,就不会被事物的差异所蒙蔽而搅乱了真理。

精于物者以物物,精于道者兼物物。故君子一于道而以赞稽物。一于道则正,以赞稽物则察;以正志行察论,则万物官矣。

——《荀子·解蔽》

简释:擅长于某种技能的人,只能掌管一种事物;掌握了普遍规律的人,却能够管理各种事物。所以君子要掌握普遍规律去指导人们认识万物。掌握普遍规律思想就正确,用普遍规律做指导认识万物,道理就能明确;用正确的思想去推行明确的主张,就可以驾驭万物。

从山上望牛者若羊,而求羊者不下牵也;远蔽其大也。从山下望木者,十仞之木若箸,而求箸者不上折也;高蔽其长也。水动而景摇,人不以定美恶;水势玄也。瞽者仰视而不见星,人不以定有无;用精惑也。有人焉,以此时定物,则世之愚者也。彼愚者之定物,以疑决疑,决必不当。夫苟不当,安能无过乎。

——《荀子·解蔽》

简释:从山上看山下的牛好像是只羊,可是找羊的人不会下山去牵,因为他知道,这是距离远使大的东西看起来变小了。从山下看山上的树,八丈高的树像根筷子,可是找筷子的人不会上山去折取,因为他知道,这是位置高使高大的树看起来变小了。水动,水里的影子就动,人们不会根据动影来判断自己的美丑,因为动荡的水使影子与人的面貌不合。瞎子抬头看不见天上的星星,人们不会根据瞎子来断定星星的有无,因为知道瞎子看不见东西。假如有一个人,根据这种情况来判断事物,那就是世上的蠢人。这种蠢人是用错误的假象来断定解决疑惑的问题,这样得出的结论必然不符合实际。如果不符合实际,又怎么能不犯错误呢。

小人可以为君子而不肯为君子,君子可以为小人而不肯为小人。小人君子者,未尝不可以相为也;然而不相为者,可以而不可使也。

——《荀子·性恶》

简释:小人可以成为君子,却不一定能成为君子;君子可以成为小人,却不一定成为小人。小人和君子,并不是不能互相转化的;他们没有互相转化,是因为仅仅根据可能是不能强使他们转化的。

能不能之与可不可,其不同远矣,其不可以相为明矣。

——《荀子·性恶》

简释:现实性和可能性,它们的差别是很大的,它们两者的不能混为一谈是很明显的。

雨小,汉故潜。夫尽小者大,积微者著,德至者色泽洽,行尽而声问远。

——《荀子·大略》

简释:雨水虽小,可是积少成多,汉水因此而加深。积小就能成大,积隐微就能达到显著,修德不停达到高尚就会身心美好,行善不止达到习以为常就会获得广远的声誉。

蓝苴路作,似知而非。懦弱易夺,似仁而非。悍戆好斗,似勇而非。

——《荀子·大略》

简释:狡猾奸诈的行为,好像是聪明而其实不是一回事。懦弱而容易屈从,好像是仁让而其实不是一回事。凶蛮粗野好争斗,好像是勇敢而其实不是一回事。

木之折也必通蠹,墙之坏也必通隙。然木虽蠹,无疾风不折;墙虽隙,无大雨不坏。

——《韩非子·亡征》

简释:树木的折断一定是由于受虫蛀,墙的倒塌一定是由于有裂缝。但是树木虽然被虫蛀坏,如果不遇到强劲的风不会折断;墙壁虽然有裂缝,如果没有大雨也一时不会倒塌。

日月晕围于外,其贼在内,备其所憎,祸在所爱。

——《韩非子·备内》

简释:日月的外缘出现晕圈,原因必定在里面。所以要戒备你所憎恶的人,祸害常常出在你所喜欢的人和事上。

乌获轻千钧而重其身,非其身重于千钧也,势不便也;离朱易百步而难眉睫,非百步近而眉睫远也,道不可也。

——《韩非子·观行》

简释:乌获力举千钧之重不能自举其身,不是因为他身体比千钧还重,而是条件不允许;离朱能看清百步以外的毫末却不能看到自己的眉睫,不是因为百步近眉毛远,而是客观规律不许可。

时有满虚,事有利害,物有生死。

——《韩非子·观行》

简释:时机有好有坏,事情有利有害,生物有生有死。

夫不可陷之盾与无不陷之矛,不可同世而立。

——《韩非子·难一》

简释:那种不能穿透的盾和穿无不透的矛,是不能同时存在的。